ファーストクラスの生き方

今田美奈子

はじめに

ファーストクラスの生き方ってなに

ファーストクラスの生き方とは、これ以上ない充実した頂点をめざす生き方のことです。それは胸がわくわくするほど素敵で面白く楽しいことです。あなたもファーストクラスをめざす人生を歩んでみませんか。

というと、豪華で贅沢な生活を手に入れることかと思う方がいらっしゃるかもしれません。それも誰もが羨む質の高い本物に囲まれた暮らしを築いているなら、ファーストクラスに到達した成功者と思われることでしょう。けれど、私が皆さんにおすすめするファーストクラスとは、物質や財産による生活の充足感だけではなく、さらに大きく広い夢を心に描きそれを実現することに人生をかける人間になることを言っているのです。

解りやすい例え話でお話ししましょう。

1979年にノーベル平和賞を受賞した、白地に青い線の入った修道服の修道女マザー・テレサは何不自由のない裕福な家庭に生まれた女性でした。ところがある時、神のお告げを聞いたマザー・テレサは恵まれた生活を捨てて、インドの貧困の人々に手を差しのべるために働きつづけました。いつしか身寄りのない人々はマザー・テレサの腕の中、祈りに支えられ臨終を迎えられることで人生の最期に至福の旅立ちができたのでした。孤独で不幸な人々に文字通りファーストクラスの切符を与え天国へ送り届けたのです。

一方、一般の人々が考えるファーストクラスの暮らしを手放していたマザー・テレサですが、彼女こそファーストクラスの生涯を送った女性として世界中の人々が認めています。つまり、自分以外の多くの人に無償の愛を分け与える心の豊かさこそが、本物のファーストクラスの生き方であるということです。

けれど、私たちはこうしたマザー・テレサのような崇高な生き方など、到底実現できるものではありません。そこで私たちはごく普通に暮らしながらも周囲のすべてのものや出来事に、常に最高のレベルや質の高い内容を探し求める姿勢を身につける習慣から始めることです。その習慣はいつしか物の価値観とともに生き方の価値観を見い出す大事な素地になっていくことだと思うからです。

女王さまはファーストレディ

ファーストクラスの生き方は、リーダーやトップになることを目指すことでもあり、そのためには心身ともに人々の憧れの存在となる魅力的な美しさを備えていなければなりません。

今日本の新しい顔として、ファッションの「かわいい世界」がパリやロンドン他海外でクールジャパンと評され爆発的な人気を集めています。日本女性の「かわいい世界」が世界中から注目と賛美を受けているのです。元々「かわいい」とは、思わず抱きしめたくなる愛おしさを感じるキュートな美しさのこと。それは純真無垢で気品に満ちていて、儚さが漂う美しさのことです。

こうしたかわいくて華やかな装いが好まれる源をたどっていくと、歴史や物語の中の「お姫さま」の世界にたどりつきます。お姫さまは成長すると女王さまになり、社交の舞台のヒロインとして世界の平和を考え人々を幸せに導く使命を背負い、おもてなし外交の主人公になります。

女王さまは誰もが認めるファーストクラスのファーストレディです。いざとなったら見知らぬ多くの人たちのために、生命を捧げても構わないと思う強さを心の内に秘めています。ファーストクラスには純真無垢なかわいい精神とともに気品を伴う強い精神が求められるのです。

頂点をめざす夢の種類は人により異なり、時代により変化していきます。大切なことは、抱いた夢を完全に育て上げて実現する努力をすることです。そして、その終着点が広い社会につながり、多くの人々の幸せに役立つものなら、時代を越えて認められる夢の実現となり、ファーストクラスの生き方の目標のひとつを達成したことになります。すると不思議なことに自信が生まれ、やがて財力もついてくるもので、物心共に恵まれた真のファーストクラスの生き方を謳歌することができます。

つまり、お金がなくともファーストクラスの生き方を目指すことができます。けれどその努力の結果、財力を手に入れることができて初めて社会貢献もできるゆとりのある充実したファーストクラスの人生を営めます。そのための秘策をご紹介するのがこの本です。

いまはリーダーが待たれている時代

2020年に東京オリンピックが開催されることが決まり、「おもてなし」をテーマにした日本女性の今後の活躍が世界から注目されています。一流国であるファーストクラスの日本を世界に示す絶好の機会として、日本の魅力を知ってもらうことのできるリーダーの女性たちの誕生が求められているのです。これに挑戦するために、知名度や年齢、キャリアに頼る必要はありません。そこに向かって努力すればいいのですから、誰でもゼロからの出発ができるのです。

私は私の過ごしてきた時代には無かったことをめざしたことで、はじめからひとつの分野のトップとして出発することができました。ヨーロッパ伝統のお菓子を日本に紹介したことがきっかけで、やがてそれを盛る食器を紹介することへと広がり、やがてテーブルセッティングの楽しさやプロトコール・マナーも仕事のテーマになりました。その後、多くの日本女性たちが次々と私と同じ夢を抱くようになり、私と一緒に歩んできました。

結果、私は洋菓子でトップバッターを務めながらテーブルアートで、フランス国家から世界で最初に芸術文化勲章オフィシエを授かりました。また製菓でも同国から、食関係の専門家に授与される「農事功労章」を与えられました。それは無から歩み始め、その後ずっと第一人者として歩んできたことに対しての勲章でもあると思っています。

つまりリーダーシップにこそファーストクラスの道が拓かれるチャンスがあるのです。

「サロン・ド・テ・ミュゼ　イマダミナコ」のオープンで時代の夢を

現在は新宿高島屋にミュージアムスタイルのカフェ・サロン「サロン・ド・テ・ミュゼ　イマダミナコ」をオープンし、多くの方々にティータイムや食事のひと時をお楽しみいただいています。

そこは18世紀の王妃マリー・アントワネットの可憐な離宮の室内のように整

えられたサロンで、王妃が愛したお菓子などを味わっていただいています。

世の中が日々変化していくかたわら東日本での大きな自然災害などもあり、そのようなサロンは世の流れに反することはないかと心配したのでしたが、逆に非日常的な夢の世界に心を癒しに訪れてくださる方がたくさんいらっしゃるのでした。

気がついてみると、日本はすでに世界のファーストクラスの一流品で埋め尽くされています。中でも百貨店はこれ以上ない最高品質のブランド品で満たされています。これほど完璧な商品やサービスが整っている、住み易い国が他にあるでしょうか。ところが、それらの商品やサービスが日本全体に行き渡っているために、特別に珍しい感動や喜びを体験する機会が薄らいでしまっているのです。

そこで他に類を見ない魅力に満ちたファーストクラスの夢の世界を提供した

いと考え出したのが、新宿髙島屋の私のカフェ・サロンです。

そこでは、サロン講座やイベントも開かれ、お姫さまの物語のお菓子やランチがふるまわれるなど、全国の百貨店でも初めての空間になっています。そして、国内外の方々をむかえる「おもてなし」の世界の実践の場でもあるのです。多くの人に夢の場を与えることもまた、ファーストクラスをめざすあなたにもぜひ実践してほしいことの一つなのです。

ファーストクラスの内容もレベルも変化していく時代

ファーストクラスの内容もレベルもどんどん変化していきます。

初めに人々の気持ちに安らぎや希望を与えるリーダーシップを身につけていく広く大きな夢を抱きましょうと言ったのは、如何なる時代が訪れてもその変化をちゃんと捉えつつ、夢の実現という基本の心得を失ってはならないと思うからです。

私はサロネーゼ（芸術文化を伝えるサロンの主宰者）を40年近くつづけてきました。総合的な国際女性の育成を手がける活動をつづけることで、世界各国の有識者の方々とも友好関係を築くことができました。それはありがたいことですが、この道のトップであることを自覚するとともに、第一人者でありつづけたいと願い努力もしてきたからでもあります。けれど、そんな大それた希望を抱いたためにたくさんの困難にも合いましたが、それらを乗り越えてきました。

本書ではそうした私の波瀾万丈の人生秘話を紹介するとともに、それを通してファーストクラスの生き方について書いていこうと思います。

あなたの未来へのメッセージ

本書は、大切に見守られながら可憐な薔薇の蕾のようなあなたが、雨風雪に耐えながらもいつの日か、大輪の花を咲かせ女王さまのように成長できるようにと願って、あなたに贈るファーストクラスの生き方のメッセージです。

いつも夢を心に抱いて人生を歩んできた私が育んできたテーマ「おもてなし文化」を、本書を通して次の時代にも継承していただくことができたらとても幸せに思います。それが様々な点でファーストクラスへつながるヒントにもなると思います。そして何よりも、あなたの人生に素敵な目標が生まれることが一番の願いなのです。

ファーストクラスの生き方　目次

はじめに

第五章　素敵な女王様流生き方

第一章

これがファーストクラスの生き方

1. 一番は素敵なこと

この本は私の母が生きていたら決して書くことができませんでした。

私は母から他の人と競争をして勝ち抜き、一番になるなどということは浅ましいこと、それを望むだけでもはしたないこと、と言われて育てられてきたからです。

そんな考え方は母だけではなかったように思います。

母の生まれた明治時代の日本の女性は、多くがそうした教育を受けて育ち、謙虚さこそが最上の美徳と教えられてきました。

当時の日本では、多くの女性が同じような価値観を持っていたに違いありません。

競争を勝ち抜きトップを目指す生き方は恥ずかしいという風潮。

それは、大きく変化を遂げグローバルな時代になった現在でも、ほとんど変わっていないような気がします。

けれど私はある時から、トップになることの醍醐味に目覚め、トップである喜びにはまってしまったのです。

ともすれば逃げて行ってしまいそうな頂点に居続けることを追いかけ、誰が何と言おうと手放してはならないと執着し、トップという言葉の輝きと共に暮らすことを生きがいとして今日まで過ごしてきました。

トップであるということは、それまで誰も気づかなかった世界を世の中の多くの人たちに伝え、新しい価値観を生み出すことで、多くの人に喜びを与え人生を楽しんでもらえる存在となることです。

更に、会ったことのない人たちとも太く強い絆で結ばれていくことを実感するようになると、自分がこの世に生まれてきた意義を感じ、希望に満ちた日々を送ることができます。

母の価値観と私の生き方は相反するものになりましたが、トップを走りつづけてきた私を見て母がどんな言葉をかけるのか、確かめる術はありません。が、女性が社会進出するのが難しい時代からトップランナーとして先頭に立ち、多くの人の喜びをテーマに実践してきた生き方に、きっと共感してもらえるのではないかと思えるのです。

そしてふり返ってみて言えることは、トップであればこそ可能にした出来事や実践例を多々経験できました。

トップであることは可能性を大きく拓いてくれ、トップでなければ出来ないことをもたらしてくれます。

自分の人生を切り拓いていくあなたにとっても、トップになることは〝素敵〟なことなのです。

2．目指すだけでツキはやってくる

私は日本で最初にヨーロッパ伝統のお菓子の本を一般の人のために書き、その本は大ヒットしました。当時は、新しさで話題を呼んだ女性誌「アンアン」「ノンノ」が一世を風靡した時代で、その「ノンノ」に私がチーズケーキを紹介したところ、たちまち日本全国のケーキ屋さんがチーズケーキだらけになったのでした。

そして私は新聞、雑誌、テレビで「お菓子の女王」と呼ばれるようになりました。この女王という言葉に私は身も心も痺れ満足したのです。

母は「たとえトップになることがあったとしても、それをひけらかすことがあったら、たちまち世の中から打ちのめされてしまいます」と言っていました。

私はこうした我が家の掟を破り、トップを目指す人生を歩みつづけただけでなく、母の心配や社会の仕組みを無視し頂点にいつづけることに決めて、それを吹聴し主張する日々を過ごしてきました。そして、多くの人にトップになることの喜びや面白さを伝えつづけてきました。

さらにトップに向かう人生の歩み方を公然とすすめ、そのための秘話を公開するこの本は、私にとって、また多くの人にとって、決して開けてはならないパンドラの箱を開けるようなものです。けれども、ひょっとして生き方の手がかりとなるような宝物が、たくさん飛び出してくる玉手箱のような本に変わるかもしれません。あなたと一緒に、その蓋をそっと開けてみましょう。

それでは私がお菓子の女王になった経緯をお話しします。

1971年、36歳の時のことです。結婚していて、小学生の男の子と女の子を持つ、ごく普通の主婦でした。

当時、東京銀座でふわふわスポンジに真っ白な生クリームで覆われ、赤い苺がのった〝苺ショートケーキ〟が売られ、人々の心を虜にしていました。第二次大戦で荒廃した日本も東京オリンピックを成功させ、戦争の後遺症から少しずつ落ち着きを取り戻しながら、新しい時代を感じ「さあ、出発しよう」という意気込みが国全体にみなぎっていた時代です。やがて訪れる驚くべき経済大国日本のバブル時代を予感するような、華やかなお菓子が〝苺のショートケーキ〟でした。

お菓子の組合のひとつが25名ほどの菓子職人を募り、日本から初めてヨーロッパの国立や州立の製菓学校への研修旅行の企画を立てたのでした。この会の会長は、当時もう一つの話題のお菓子、ドイツの〃バウムクーヘン〃を販売していた「ジャーマンベーカリー」の日本のオーナーでした。氏のご長女が中学、高校時代の仲のよい友達だったこともあり、私は専門家を対象としたこの団体旅行に参加させてもらうことにしたのです。

女性ならば誰もが好きな甘いお菓子について学び、その上、初めて見る異国の地への旅が叶う、そんな夢のような出来事に思いを馳せ酔いしれたのは当然のことでした。

スイスのリッチモント製菓学校は、ルッツェルン湖を見渡す絶景の高台にある学校でした。その上、指導にあたった白衣に身を包んだ先生が、愁いをおびた瞳のフランスの美男俳優〃アラン・ドロン〃に似た美しい青年でしたから、心からその研修旅行に陶酔し満足したのでした。

その後、研修の参加者たちの好評に応え、ドイツ、オーストリア等での企画が持ち上がり、私はヨーロッパの有数の国立製菓学校への短期留学の旅のすべてに出かけて行ったのです。当時、フランスには国立の製菓学校はなく、有名店を見て回りました。

お菓子の作り方を学びに行くという大義名分がありましたので、家庭的には夫や母の理解と協力に感謝をしながら、何より子どもたちが期待してくれたので、安心して出かけたものです。

お菓子を学んで知ったことは、ヨーロッパの伝統のお菓子は、同じ形と名前で幾世紀も親しまれつづけている、食卓の文化遺産であるということでした。

正式、公式の晩餐では、塩気のフランス料理が供された後、フィナーレに必ずデザートが出されます。甘味は即効的に心身の疲労を取り除くとともに、美しく美味しいお菓子は心を癒してくれます。おもてなしの心の表われとして、お国自慢のデザートが供されるのです。

晩餐で供され好評を博したお菓子が国立製菓学校で指導され、老舗の菓子店で売られ、母から娘に伝えられて日常の生活に溶け込んでいるのです。

日本ではたかが女子どものおやつとされていたお菓子の世界が、外国では全く異なることに気づいた私が、このお菓子をテーマに成功できたのは、ふと野心に目覚めたからです。目前の出来事をちょっと客観的に眺めてみた結果でした。


日本に洋風の生活スタイルが急激に訪れた当時、こうしたお菓子を紹介する本を出したら女性たちはお洒落な気分になるのではないか、また教養としても必要なのではないかと思ったのでした。

早速、その旨「主婦の友」の編集長を訪ねて伝えてみました。すると主旨をご理解下さり、すぐさま出版が実現されることになりました。ところが、大きな問題も横たわっていました。

私の名前が一般に知られていないことや、人々にお菓子の本に対する関心や興味が突然湧くのだろうか、という意見も出たのです。

けれど、新しいテーマへの挑戦の意欲のある女性編集長は、文庫本のスタイルで従来の家庭料理や和服の着付けなどを中心にした10冊余りの企画を仕立て上げ、そこに新しいテーマの企画も取り込んでいこうということになったのです。

「ぶきっちょにも作れるケーキとクッキー」というタイトルで、主婦の友文庫の1冊として刊行されたオールカラーの小さなサイズの本が私のお菓子人生での最初の刊行物でした。当時活躍中の大御所の料理家や着付けの先生たちの著書の中に縮こまるように仲間入りした私のお菓子の本は、発売日という運命の日を待ちました。

するとその本がたちまち動き始め、文庫シリーズの中で「一番」の売れ行きとなってしまったのです。文庫シリーズの刊行が次々増えていく中でトップを走りつづけました。それも日本全国の高校生たちの流行の中心の本になり、あたかもそれはルーズソックスのように蔓延したのです。彼女たちの夢のトップは〝パティシエ〟になることでした。

人生には思いもかけぬ成功が訪れることがあります。そんな時、次の成功を目指したくなるのは当然ですが、ちょっと不安に思ったり、深く考えすぎたりすることは禁物です。ただ自分を信じて上昇気流に乗ってしまうことです。私はこの時、この気流に乗ることにみごとに成功したのです。

早速舞い込んできたのが小学館の「ミニレディー百科」シリーズでのお菓子の本です。それは小学生の子どもたちに人気絶頂の文庫シリーズでした。「すてきなお菓子づくり」というタイトルでマンガで作り方が描かれました。小さなお子さんにも手を抜かず、本物の名称や作り方でヨーロッパ伝統のお菓子を伝えようと私は夢中でした。前作の勢いと本物を伝えたいと言う意気込みの甲斐あって、「すてきなお菓子づくり」も好評を博し、文庫シリーズで次々とテーマを変え出版がなされたのです。結果、それらはどれもヒットし、野球の著名な監督たちの本を抜いて、ここでも「一番」となりました。

するとと次には、出版最大手の講談社が舞台となり、「お菓子の手作り事典」も大ヒットしたのです。それはお菓子屋さんたちが個人的にヨーロッパ修業に出かけるための手引書となり、同時に洋菓子作りは国民的な関心事となりました。

あの一世を風靡した苺のショートケーキの不二家さんの役員が、5名の社員を伴って私のお菓子教室に入学してくださり、本を工場の従業員用にと300

冊も購入してくださったことも忘れられません。フランスの一流菓子店「ダロワイヨ」を日本で設立したのもその5人の生徒の皆さんでした。

今日、世界に誇れる洋菓子大国の日本を築くことにつながったのも、私のお菓子人生の出発がプロの世界の人々と共に海外研修に出かけたことと、そして私のお菓子教室では彼らに講師として応援をしてもらった自然の交流があったからです。人気講師として活躍してくれた今や日本の代表的パティシエの一人、辻口博啓氏は「日本の洋菓子の発展は今田美奈子先生のおかげ」と講演等で伝えて下さっていると出席者から聞き、彼の人柄も成功の原点と思うのでした。

そして、私にとって運命の本「貴婦人が愛したお菓子」（角川書店）が誕生しました。バブル時代でもありましたが、この本が日本にお嬢さま時代を導き、社会現象のようになりました。

それはプリンセスが空前の大ブーム（2014年7月7日増大号アエラ）と

報じられているように、年代を越えて日本人のお姫さま願望が溢れる現代につながっています。初版本はアマゾンで数十万円近くで売られていると聞きます。続編「貴婦人が愛した食卓芸術」（角川書店）も出版され、今日の私の世界を完成へと導いてくれました。

日本を代表する3大出版社から異なるお菓子の本を出し、実用書としてどれも一番の売れ行きを記録することができ、それらの本は軽装版、愛蔵版、そして文庫本として各社から様々なスタイルで刊行される滅多にないヒットとなったのです。そして、多くの出版社から次々お菓子の本を出すようになりました。「お菓子の女王」と呼ばれるようになったのも本のタイトルからでした。お菓子の世界の先駆者とか第一人者とかメディアで紹介されるようになり、新聞のテレビ欄に「お菓子の女王の出演」と記されていると、そこに私の名前が無くとも街や公共の場で出会う見知らぬ人から、「今日はテレビにご出演ですね」

と声をかけられました。女王であることのイメージの浸透に内心びっくりしたものです。

トップへの気流に乗ったら、後はその勢いのまま頂点を目指しつづけることです。するとツキも一緒にその気流に乗ってくることをその時体験したのでした。

一方、「ノンノ」から依頼を受けて紹介した、真っ白なチーズケーキが思わぬヒットを飛ばしたのです。チーズケーキの企画は掲載された号のアンケートで2位の人気と聞かされました。すると、1年たらずでチーズケーキは日本全国に出回るようになったのです。人気雑誌ゆえに専門家が読んで実践し、店頭にも並ぶようになりました。「ノンノ」が、それまでの主婦向けとして地位を得ていた雑誌ではなく、若い女性を読者対象にした新しい時代の雑誌だったのでチーズの味が受け入れられたのでしょう。

今ではどのお菓子屋さんにもカフェにもチーズケーキは置かれるようになり、日本で完全な市民権を得るようになりました。

「ノンノ」の麻木正美元編集長がほめて下さったので、「私の発明したお菓子ではなく、伝統のお菓子をご紹介しただけです」と答えました。それに対し編集長は、「伝統は永遠の流行です」とおっしゃったのです。この言葉こそが私のお菓子人生を今日までつづけさせ、トップの道を歩ませてくれる糧となりました。

何事も奇をてらったり、新しさに夢中になると焦り苦しむだけでなく、意味のない新しさはたちまち古く色褪せていくものだと思います。温故知新ではありませんが、まず先人たちが生み出して残した伝統を知る、その上で新しいものやオリジナルを生み出すチャレンジが出来るかが肝心です。

誰にでも小さなチャンスがあり、思いもよらぬ成功を手にすることはあるものです。それが未来につづき、トップの座を得るか失敗するかを決定する瞬間があります。自分にこれほどの才能があるなら、もう一度原点に戻り勉強し直せば完成度が高まるだろうと、全ての仕事を中止し海外への修業などに出かける人がいます。これは絶対に成功しません。エネルギーの流れを中断するおろかな方法です。

私はせっかくのお菓子の世界のトップの座に昇った勢いを喜びとし、試行錯誤しながらもまっしぐらに進みつづけました。同時に学びに訪れる生徒たちを指導する多忙な日々を、一気に20年以上走りつづけることになったのです。

3. 一番はビリから始まることもある

さて、お菓子の著書のヒットについて書いてきましたが、ここまで読んでくだった皆さんは私が順風満帆の幸運な人生を歩みつづけている人間だと思われたに違いありません。

否、プラスばかりの嬉々とした人生など決してあるものではありません。「一番の人生」はゼロやマイナスから生まれることさえあるものです。それも、これ以上ない悲劇のどん底から、ということさえもあります。私は身をもってそのことを体験したのです。

1935年3月5日午後3時5分頃、私は東京の病院で健康でごく標準の女の子として誕生し、その後もすくすくと健やかに育ちました。

ところが6歳の夏、神奈川県の湯河原海岸にあった父が建てた別荘で夏休みを過ごしていた時のこと、突然、取り返しのつかない悲劇に襲われたのです。

夏風邪をこじらせてしまい40度の高熱を出し、2日間熱が下がらず意識もなくなる状況に陥ったのです。付き添いの16歳のねえやが毎日幼い私を海に連れて行き、風邪を引いて熱があるにもかかわらず、8月の灼熱の太陽の下で終日遊ばせてしまったのです。

そして、ついに幼い身体は音を上げ倒れたのでした。当時は現在のようにすぐに薬が手に入ったり、緊急でお医者さまが駆けつけてくれたりすることもなく、側に付いていた人たちはおろおろするばかりでした。

タイミング悪く、母は妹の出産で東京の病院に入院中で、父はと言えば多忙な仕事を抱えて直ちに駆けつけることが出来ずにいて、それでも叔母たちが必死で看病してくれました。

死ぬかと思う状態が数日つづきましたが、何とか生きかえったのです。けれど、6歳の私は生後半年の幼子の状態に戻ってしまったのでした。立とうとしても両足がぶらりとして、自力で歩行することすら出来ない障害を背負ってしまったのです。当時、小児リュウマチとも関節炎とも告げられましたが、後に医師である夫の父が小児麻痺だったに違いないと言っていました。

私は病床で毎日同じ夢を見たことを覚えています。雲の上を白いドレスを着た女性たち5〜6人が手をつないでくれて、前へ進もうとしているのです。私は今にも雲の合間から下界に落ちそうになりながらも、必死で前進しようと努力するのでした。今思えば、この雲の上の出来事は臨死体験だったのかもしれません。そして、私は白いドレスの女神たちのいる天界には行くことなく、下界へと舞い戻ってきたのでした。

ですが、翌年の春の小学校への入学は無理で、闘病生活を余儀なくされました。それでもその1年遅れで、どうにか土地の小学校へ入ることができました。

家には常に10人余りの人が働いていまして、その中に住み込みで勉強しながら雑用をする若い書生がいました。私は彼に手を引かれながら、毎日海岸通りを歩いて小高い山の上にある小学校まで通学しました。疲れると彼におぶってもらうのですが、その都度「奥さまには内緒ですよ」と彼はつぶやくのでした。母から厳しく、訓練のための通学だと言われていたのです。

海岸から山の上につづく道を大勢の子どもたちが歩く中、私はランドセルをつけたまま、まるでタクシーの送り迎えのように青年に背負われて通学しました。今から思うとその情景はともするといじめの標的になってもおかしくなかったのですが、言ってみればガードマン付きでしたので、誰ひとりからかう者もいませんでした。

そんな時間が過ぎ、3年生の終わりには私は学年で一番の成績になりました。そこで全校生徒が集まる終業式で、総代として校長先生の前に進み出てお免状を受け取る栄誉ある生徒に選ばれました。

ところが式典の前日、担任の女性教師に呼ばれ、その晴れの役目は身体の不自由な私ではなく、他の健常者にさせるようにと教頭からの指示があったと言われたのです。女教師は憐愍の眼差しで、私にそれを言い辛そうに伝えたのでした。

一番になった努力の賜物でもある栄誉を、身体的なことで遮断される無念さに目の前が真っ暗になったのでした。しかし、このことを母に伝えれば抗議に出向くことは明白でしたから、己の胸の内にしまうことにしました。

その時の担任の先生が言った、「きっとまた一番になってください」という言葉が今でも思い出されます。

私は子ども心に、一番という頂点に立つには人前に出て賞状を受け取るにふさわしい、リーダーとしての姿形や態度を身につけていなければならないことを認識せざるを得ませんでした。

家の私の部屋は少年少女文庫や子ども向けの書籍がそろった図書室のようでしたから、私は知らず知らずのうちに教科書など遠く及ばぬ知識や知見を持っていました。それに加え多くの人を納得させるトップの風格（態度）を身に付けさえすれば、必ずや本当の一番になる日を迎えられるのだと思うようになったのです。それにはまず、書生の青年の背中をタクシーのように使うのをあきらめることだと心に誓ったのでした。

幼い日の記憶に不幸やアクシデントがあったとしても、それは大切な「学び」の体験になっているものです。

辛い体験や経験から学ぶべきことがあります。その時は辛いこと、不幸なことであっても、その体験があって気づくことや教えてくれることもあり、長い人生においてはその体験をどう活かすのかで生き方も変わるものです。

第二章

素敵なトップの目指し方

1．一番素敵なトップはお姫さま〜マリー・アントワネット妃との不思議な出会い〜

私は身体が弱かったために、外で遊ぶより家でたくさんの物語を読んだり、想像の世界を楽しむようになりました。愛らしくて美しく、今にも溶けてしまいそうなお菓子を眺めていると、西洋のお姫さまがそれを慈しむ姿が目に浮かびました。

私と同じように、お姫さまやお菓子に憧れた少女時代を過ごした方も多いでしょう。けれども多くの場合、大人になるにつれいつしかそんな夢も幻想もどこかに置き忘れてしまうものです。ところが大人になった私はお菓子の世界に引き寄せられ、研究や探究をすすめていくようになりました。お姫さまが愛したお菓子の夢の世界が私の目の前に広がり、私を待っていてくれたのです。

次に、ヨーロッパで幾世紀も親しまれつづけている伝統のお菓子のことを、各国の製菓学校で学んだことや語り伝えられている話を基にまとめてみましょう。

人名の付いたお菓子はその人物が実際にかかわり宴席等で評判を呼んだもので、結果メニューに残されて語り伝えられていることが分かります。

ヨーロッパで、そうした人名の付いた「温かいアントルメと冷たいアントルメ」が紹介された本に出会いました。そこには「ビスキュイ・グラッセ・アントワネット」（アントワネットの冷菓）をはじめ、きら星のごとくお姫さまや貴婦人たちの名前が冠されたアントルメが記されていました。

アントルメとはデザートのことですが、華麗な宴席で賛美され今日に伝えられているものです。

中でもマリー・アントワネット妃は、格別にお菓子好きのお姫さまとして知られています。革命の足音が近づく中、「国民はパンが食べられなくて困っている」と聞き、「それならお菓子を食べれば良いじゃないの」と言ったその言葉がきっかけとなり革命の火ぶたが切られたとさえ言われます。やがてギロチンの露と消えた王妃の悲劇の物語を世界中で知らぬ人はいません。

調べてみますと、ドイツの製菓事典にも王妃自らメレンゲを作ったと記されており、王妃のお菓子好きが本当だったことを物語っています。そして妃の故国オーストリアには、愛らしいピンクやブルーの人形や動物の形をしたメレンゲ菓子が売られています。

また、フランスの美食事典「ラルース・ガストロノミーク」には、アントワネット妃が大変愛したことから、クグロフ（帽子をひっくり返してねじったような形の焼き菓子）が18世紀ヨーロッパ中で流行したと記されています。実際、クグロフは各国の製菓学校で伝統菓子の筆頭として指導される人気菓子です。このお菓子の素朴さと完成された焼き型の美しさから、実際の王妃は歴史で伝えられているほど派手で贅沢な生き方をしたことはなかったのではないかと思われてなりません。

お菓子は私の生涯をかけたテーマになりましたが、そのきっかけはお姫さまのお菓子との出合いであり、マリー・アントワネット妃こそが私をその世界に手招きしてくれたのでした。

天性の仕事との出合いは、本当に小さな興味や小さな憧れによることがありますが、どうかそのきっかけを見逃さないようにしてください。あなたを天性の仕事に導いてくれるきっかけは、いつどこでどのように近づいてくるかは予知できませんが、自分の心のときめきや胸騒ぎのようなものを信じてみるのは大切なことです。

お菓子修業にたびたびヨーロッパの製菓学校に出かけていた頃、そこで出会った2~3人の仲間たちとパリからオプショナルツアーに参加し、ヴェルサイユ宮殿に出かけました。私は広大な庭園を歩いているうちに、いつの間にか森に迷い込んでいました。夕暮れの木洩れ陽は鈍色をおび、気づくと宮殿の近くのバス停まで引き返すにも集合時間に間に合いそうもありませんでした。幸いフリーのお客だったので、待たれる心配もないだろうと、森を先へ進んで行きました。するとその森を抜けた瞬間、息を呑みました。そこにはお伽の世界かと見紛う美しいドラマチックな村落があったのです。

それはマリー・アントワネットがこよなく愛したあの「王妃の村落」(アモー)でした。アントワネットの離宮として、王妃は窮屈な宮廷から離れて居心地のよい村落に引きこもりました。小川の流れる庭には、小さな水車小屋や農家や廃墟が点在し、牛小屋や洞窟もありました。築山には東屋や木のベンチがお芝居のセットのように置かれていました。

幾世紀もの時代を超えて、愛らしく美しきものが女性の心を捉えるとしたら、そこはまさに私の心を捉えた美しき原風景そのものと言えました。王妃の村落での生活は、この地球上で一番美しい夢の生活だったことでしょう。それを創造する美的な才能は勿論ですが、後世に残る驚くべき美の世界である「王妃の村落」を作ることができたのは、王妃であったというトップの力でした。その時私は、女王の存在とは素晴らしいものだと強く思いました。

知らず知らずのうちに迷い込んだ「王妃の村落」は静かなたたずまいながら、お姫さまこそ人類の一番の憧れの頂点であると教えてくれたのでした。シュテファン・ツヴァイクの小説「マリー・アントワネット」の世界が現実としてそこにありました。

　それにしても、たとえオプショナルツアーでも黙って中途で放棄するなど、今にして思えば考えられないことです。未だ不慣れな外国での不可解な行動になりましたが、この初めてのヴェルサイユ宮殿への旅は目に見えない力に導かれた不思議な旅になりました。それはあたかもマリー・アントワネット妃に招かれたとしか思えない、王妃との不思議な出会いだったのです。

　粉と卵と砂糖にバターと、誰にでも手に入る平凡な材料から異なる味と形に作り上げるお菓子は、全ての人々に素敵な夢を届けることが出来る食べ物です。いつでも簡単に手に入る材料で作り上げることが出来るお菓子の世界で、華麗な王妃と出会えたことに胸がときめきました。

　こうしてお姫さまとお菓子が与えてくれる夢と幸せは、私の天職のテーマであることを自覚したのでした。

マリー・アントワネット妃と出会い、今日まで王妃に憧れつづけ信頼を寄せてきたのは、王妃がトップとして純粋な生涯を送ったことへの感動に外なりません。革命の際、凄まじい状況下にありながら最期に毅然として、美しく散っていった姿への感動です。それはフランス文化の破壊を防ぎ人々の心を平穏に戻すために、王妃としての責任を果たした姿への感動でした。

断頭台に上ってゆく王妃の悲劇の場面での毅然とした態度の美しさは、精神の美しさを伴う美しさで優雅さの表れです。優雅は美しさよりも上であることをマリー・アントワネット妃から学んだのでした。

あなたが見つけたい天職は、あなたの感動から見つかることもあります。心が動かされることに出会ったら、それがあなたの求めているものかもしれません。胸にそっと手を当てて、その感動と向き合ってみてはどうでしょう。

2. 外国で詐欺に遭い未来が開ける

天職としてのお菓子の世界に出会い、お菓子の道を歩むようになった私ですが、わずか1か月の海外研修旅行に出かけたことがきっかけで、当時の日本に洋菓子ブームを巻き起こすほどの活躍ができるなんて不思議だと思われる方が当然いらっしゃることでしょう。しかも、ごく普通の主婦で母である女性だったことも珍しいことだと言えます。それには、今考えても不思議な、ある人物との出合いがあったのです。それは1つの事件から始まりました。

スイスのリッチモント製菓学校での研修中のことです。ある晩、研修生の日本人グループへ取材を希望する外国人カメラマンが来たと言うのです。そのことを団長であり通訳の男性K氏が皆の部屋を廻って伝えました。そしてK氏の部屋に全員が集まり、そこにいた白いシャツとズボン姿のイケメンの若いカメラマンの指示に従って、皆が並んで笑顔で記念撮影に応じたのでした。取材が終わると、いずれ掲載誌を日本に送ってくれるという約束に、皆期待に胸ふくらませて各自の部屋に戻りました。

ところが翌朝、その白装束のイケメンカメラマンが実は詐欺師だったことを知らされたのです。K氏が皆を呼びに廻っている間に、K氏の財布（ギャラを含めた全所持金）が盗まれていたのです。するとこれを聞いた一部のホテルマンや菓子店の参加者たちは、K氏を助けるために金銭の援助を申し出たのです。私も毎食の彼の分のドリンク代を受け持って支払うことにしました。

帰国後、K氏はそのお礼として、研修で学んだ内容の実習の補習講義や研修以外の専門書の翻訳をしてくれたりと、私のお菓子の家庭教師を買って出てくれたのです。

補習は1～2回の予定でしたが、K氏のお菓子学の知識の広さと深さを改めて知り、敬意をはらって有料で本格的授業を実施してもらうことになりました。K氏は菓子職人のほとんどが購入する専門誌の編集長で、日本洋菓子業界きっての知識人といっても過言ではありませんでした。

また、次々と各国のドイツ語の専門書を翻訳しては我が家で実習し、プロ向けのものは自分の雑誌に掲載し、家庭用の楽しい美味しいお菓子は私に振り分けてくれたのでした。

当時、「栄養と料理」の編集の女性が取材に来て私の内弟子になってしまいました。彼女は後にNHKの「きょうの料理」に私の後を紹介し、現在も活躍されている料理家の小菅陽子さんです。それに元星ヶ岡茶寮の料理人が我が家のシェフもしていたのですが、こうした数人の人たちと私はK氏の講義に没頭したのでした。

こうして次々とお菓子をテーマにした、マスコミでの活動が始まっていったのです。そこから始まった全ての成功の歓びを、K氏とともに講義の生徒の皆と分かち合いました。多くのプロたちとのお付き合いも増え、学ぶことの多い活気溢れる日々となりました。我が家はまさに日本における洋菓子の世界の夜明けの場となっていったのでした。

するとケーキ型の鋳物業界や砂糖、油脂、小麦粉業界が私のスポンサーや後援を買って出てくれるようになり、今田美奈子ブランドの材料や型などの商品が世の中に出回るようになっていきました。

ところが、K氏とはスイスの事件でK氏への飲み代の支援から始まった縁でしたが、彼は講義のたび毎回ビールかワインの瓶を片手にレクチャーを始め、次第にその量は増していきました。やがて共に思いをはせた、日本初の洋菓子の世界の発展への思いも、K氏からは薄らいでいくように見受けられました。

そんなとき油脂メーカーによって、定期的にホテルで数百名ものお客様を集めた宣伝のためのお菓子のパーティが開かれるようになりました。私はその舞台への出演もあって、華やかなチャンスに恵まれるようになりました。

ところが、ある時この会社の会報誌に私の名前で掲載した記事に読者からクレームが付いたと報告がありました。会報誌は専門誌なので、K氏の指導を得ながら発表したものでした。が、なんとクレームの源をたどってみると、元はK氏だったのです。間違った内容と、それを告発することが仕組まれていたことが発覚したのです。

多くの人に喜びを与えることを指導してもらい、ビジネスにもなってきましたのでK氏にはそれに適した報酬を支払っていました。けれども、己の専門のジャンルに深く踏み込まれてしまうと、K氏にとっては決して気分のよいものではなくなっていたのです。その頃すでに私は、K氏の力を借りるレベルを越えていました。

K氏と出会って7年の歳月が過ぎていました。K氏に深く感謝の意を伝えて、この洋菓子研究グループを解散したのです。油脂メーカーとの縁も切られましたが、K氏にこの件で一切のとがめだてはしませんでした。

粉と卵とバターと砂糖の4つの材料を全く異なる芸術や夢に作り替えるお菓子の世界ですが、そこにはヨーロッパ伝統の本物の食卓文化を求める、人間の叡智につながるお菓子哲学があります。そのことをK氏から学ばせてもらった大きな出会いでした。後に私のライフワークとなった「お姫さまのお菓子」も、K氏との出会いによるところが大です。

伝統料理とは公式、正式の場で供され賛美され話題になったものだったり、著名人を主人公として開かれた宴席で供されたもので、メニューに残されたりシェフたちから伝承された料理やアントルメのことです。また一方では、地方の一般家庭で生まれ多くの人に親しまれた、その地方の産物を用いたデザート等です。

こうした料理やデザートを解り易くまとめたのが19世紀の料理人エスコフィエで、その料理書は現代でもシェフたちのバイブルです。また、発祥の逸話までもが記されたものではフランスの百科事典「ラルース・ガストロノミーク」ですが、その編纂者プロスペル・モンタニエを称える美食協会が世界にあり、私は30年余り日本支部の副会長を務めました。

こうした料理の根源的な歴史の流れや、書物の存在を知らせてくれたのも最初はK氏でした。さらに私の興味をそそった歴史上のヒロインの王妃や貴婦人たちのアントルメが紹介されているのが「ホテル、レストランのアントルメ」で、スイスの有名ホテルのシェフを務めたフランソワ・ガッティによる貴重な記録書です。この本のおかげで私の「貴婦人が愛したお菓子」（角川書店）は誕生し一世を風靡したのです。しかも現在、新宿髙島屋のカフェ・サロンで堂々と本物の「マリー・アントワネットのお茶会」として供したり、最新刊の「お姫さまお菓子物語」(朝日学生新聞社)の発刊にもつながっています。

こうして当時、日本では知られておらず、また入手困難な諸外国の書物もK氏のルートで手に取ることができたのです。そのため私の著書に記載された参考文献までが専門家に役立ち、翻訳本も出版されるほどの効果を生んだのでした。

しかしアルコール依存症に侵されていた氏は、この出来事の数年後に他界されました。長い人生の中では、様々な人との出会いと別れがつきものです。思いがけぬ裏切りのような出来事に遭遇した時、特に親しかった人のそのような行為は悲しいものであり、相手を許し感謝に到達することは並大抵なことではありません。けれど、その出会いによって自分の人生に大きなプラスがもたらされたならば、思い切って感謝を選択すべきだと思うのです。

どなたにもそれぞれの分野で師と仰ぐ方がいるでしょう。尊敬する内容と人間としての弱さから生じる嫉妬や憎悪は別なのだということを知っておいてください。氏の社会的な場面での裏切りは許されるものではなく交際を断たねばなりませんでしたが、日本の洋菓子文化の普及を目指す私に対し、大きな力を貸してくれた功績には謝意の念を持ちつづけるべきです。いかなるダメージを受けたとしても、冷静に是是非非の判断を下すことこそファーストクラスの生き方と言えるのではないでしょうか。

3．幼少期〜両親の願いと日本のトップから学んだもの〜

私の哀れでみじめな幼少時代に話を戻しましょう。

私の父は、幼くして両親と死別し親戚に養子として出されたのですが、そこの娘と結婚させられることを避けるために、進学を諦め東京で写真関係の会社に就職しました。

一方母は、江戸っ子で派手な暮らしをする商家の父親と、二宮尊徳の血縁でどちらかと言えば地味で素朴な母親との間に生まれました。ところが父親の死により、嫁入り準備に明け暮れていた生活を捨てなければなりませんでした。母は元々手先が器用で、ずっと憧れつづけていた日本刺繍の第一人者野口真三氏に弟子入りすると、その時代の先端の人たちの衣装を手がけるようになり一家を助けていました。

そうした父と母は当時としては晩婚で、お互いが30代の時に出会い結婚したのです。その後、父の務めていた会社が解散したため、その時に受け取った資金を基に、東京の西新橋の表通りにこぢんまりとした建物を購入し独立したのです。すると、その土地が福を呼んだのか事業はうまくいき出し、次第に虎ノ門付近の目抜き通り一帯まで所有する土地が増えていきました。

独身時代に苦労の経験をもつ両親は、家族が和める夢のある家を建てることが一番の理想でした。そして薔薇の咲く庭園のある西洋館を理想とするのですが、何とその夢を実現させてしまいました。それが伊豆の太平洋を見渡す高台に建てた湯河原海岸の別荘です。長女として私が誕生したのはちょうどそんな頃でした。

ところが皮肉にも、私はその別荘に出かけて行き、大病をして生死の境をさ迷うことになるのです。人間の明暗には凄まじいものがあります。哀れな我が子の姿に対面した両親は息を呑み愕然としたそうです。

その一方で父の財力は日毎に増していき、日本最大手のフィルム会社創立に協力し大株主となるとともに不動産を増やしつづけ、地方の長者番付のトップとして新聞紙面に名を連ねるようになりました。そうした財力を父は私の回復のために費やしました。逆に、そのために財を増やしていったと言ってもよいでしょう。

私の健康を第一と考えて、一家は湯河原に住むようになりました。庭にはプールの他にドイツ製の運動器具のシーソー、鉄棒、ブランコの他に、4～5人が腰かけてレールの上を回るカルゼールなどがあり、遊園地さながらでした。

母屋とは別に子どものための別棟があり、それはまるでグリム童話のお菓子の家を彷彿とさせる赤い屋根とブルーの壁のお伽の家だったのです。が、家の中は童話の世界とはちょっと異なり、雨天の日にも体を鍛えられる鉄棒と吊り輪が高い天井からぶら下がっていました。オリンピックの体操競技で全く同じ器具を見るたびに懐かしく当時を思い出します。2本の吊り輪はあの美貌のエリザベート皇妃がホーフブルグ宮に作らせて使用したものとも同じでした。皇妃の居室を見た時、幼少時代の私の部屋の風景とそっくりでした。

やがて一番の健康療法は温泉であると気づいた父は、箱根の宮ノ下に温泉の源泉を買い、旅館を建てて営業を始めました。その上、近隣に別荘として300年前の農家を手に入れると、そこに自然石の湯舟を作り温泉を終日溢れさせたのです。

更に、多くの子ども達に健康をと、宮ノ下にあった町立温泉小学校に温泉を寄付しました。子ども達が温泉に入浴して、体の発育や健康を学ぶカリキュラムがある学校としてテレビ等でも紹介されました。

次に父は健康は自然の食べ物が一番と言って、漁船を購入し魚釣りに出かけるのですが、私も幾度も一緒に連れていってもらいました。その船は普段は漁師に無料で使用させて、その代償として毎日新鮮な魚貝類が我が家に届けられました。活きづくりが食卓にのらない日はなく、特に獲れたてのアワビをぶつ切りにしたものをスイカやマクワ瓜等と氷水に浮かせた逸品は美味しく、それはまるで一幅の水彩画のような美しい趣のあるオードブルのひとつでした。

また、父は月に1度脊髄注射を施す名医を訪ねるため、真鶴駅から東京まで2時間かけ私を連れていきました。マリオネットのように細い手足をぶらぶらさせた女の子を毛布にくるんで、ずっと胸に抱きかかえてくれました。あれほど密接な時間を過ごした父娘はどこにもいないかもしれません。

私が人間として必要な健康を取り戻すために、両親は責任を感じてあらゆることを考え実行してくれたのでした。両親は私にとってどの方法が最良の療法なのかを徹底して探し求め、また実行してくれたのでした。

春や夏の休みのときには箱根の別荘で過ごしました。宮城野の広い別荘の庭園の一角には、初代小田原市長の父上益田男爵から買い受けた、100坪もある大名屋敷がありました。その屋敷は茶人として著名な男爵のコレクションだった骨董の名品の茶道具ごと購入したものでしたので、あたかも美術館のようでした。

　そこで七歳の私は毎日温泉につかった後、マッサージ師に心身をほぐしてもらい、夕食には山海の珍味を食するのが日課でした。今思い返せばまるでご隠居さんのような生活だったのです。

　実際に隣接していた家のご隠居さんたちから、食事の招待を受けることもありました。中でもよく招かれたのは運命鑑定家の長老のお宅で、上品な夫人が次々に手料理を供して下さり、中年の娘さんがショパンなどのピアノの演奏で私をもてなしてくれました。大層立派なお屋敷で、財界の人たちも相談ごとにやってくると聞いていました。そのようなお宅なのに、なぜ小さな女の子の私をこれほど手厚く接遇してくれたのかを後になって知りました。

　男児が生まれることを望んでいた私の父に、長老は長女の私を跡継ぎにすると繁栄すると言って、父を安心させていたそうです。

　当時、その辺りには軍需産業や大手企業の資産家たちが豪華な別荘を建てていました。が、長老はそうした御大層な社長たち以上に私がツキを呼ぶ強運の星の下に生まれた子どもとみなし、自身も私の見えざるパワーを喜んで受け入れていたそうです。

　不思議なことに長老の予言というか鑑定は幸か不幸か的中し、我が家は男児に恵まれず、女ばかりの5人姉妹となりました。結果、長女の私は婿養子をとって跡を継ぎ、今田の姓のまま生涯を送ることになるのです。

　こうして幼い日の私は、何かと日本を代表するトップの人たちの空気に触れる環境の中で過ごしました。私がその頃すでに感じていたことは、トップを目指しそれを勝ち取る人が持つ得も言われぬ豪快な空気感であり、底知れぬ頼もしい力溢れるパワー感でした。その一方で実業に生きるパワーみなぎるトップたちが、鑑定家の長老に運命相談をしてもらう姿を垣間見たのでした。

そんな箱根での時間が過ぎていき、やがて両親の執念とも言える健康に対する願いは天にも通じたのです。私は次第に健康になって、普通の子どもの生活を取り戻し、そして今に至っています。

私は幼いながらも普通に生活ができることの喜びと同時に、命の大切さを体験の中で学ぶことができました。また、現実の世を逞しく生き抜きトップの座を手に入れた人も、人智を超える見えない世界、つまりは神の領域に畏敬の念を抱いているということを箱根に住む成功者たちから知ることができたのです。

周囲の人や出合う人々にかしずかれ、美術品のように大切に扱われて暮らしていた幼い日の自分の姿をふり返ると、お嬢さま、つまりリトルプリンセスそのものだったと思えます。そしてそれは未来にやってくる、ファーストクラスの生き方を伝える使命の予行演習を目に見えない力にさせられていたにちがいないと思えるのです。

4．トップになるための企画力～貴婦人が愛したお菓子展覧会～

どんな小さなテーマでも、或いはすでにどこにでもあるテーマを手掛けるにしても、ちょっとしたアイディアや企画力があれば成功への扉が開きます。同じテーマでも物事を流さないこと、一味違う匙加減や人が気づかないことに気づくこと、そこに大きな違いが生まれてきます。常に考えることの大切さを知っている人には、結果としてトップの椅子が待っているものです。

ある時、私はふと大変重要なことに気づきました。出版された本はどれもヒットしていたのですが、「このままお菓子の本の著作にのみ没頭していてよいものだろうか？」と。

すでに私が学んだ海外の製菓学校へは専門家も一般の人たちも大勢出かけて行っているし、お菓子の本も書店にたくさん並ぶようになっていました。

お菓子の名前や作り方を家庭で楽しむことは、新しい時代のお嬢さまたちの心得として定着し、その核たるものは「お姫さまのお菓子」でした。

そうだ！お姫さまにはそれぞれの生涯に係る歴史とドラマがあるのだから、いっそお姫さまの物語とお菓子を並べて、これまでにない「お菓子の展覧会」を開いてみることにしてはと思い立ちました。

それは、世界で初めてのアイディアであり、誰も実現したことのない最初の展覧会です。私は考えるだけで、この素敵なアイディアに自分自身でうっとりしたものです。が、うっとりしてばかりいられません。そうです、考えるだけでなく実行に移さなければ企画倒れです。

その頃、日本橋三越本店に招かれて、お客様にお菓子の作り方教室を開いていましたて、たくさんの生徒たちにも恵まれて盛況でした。

そんなこともあって、早速展覧会のアイディアを持ちかけますと、「地下にお菓子が並べられて販売しているデパートの別の会場で、お菓子を見るだけで切符を売る展覧会など成り立たない」と一蹴されました。

前例のないことは敬遠するのが世の常です。けれども、そんな中にも想像力を持ち、新しいことへの挑戦を求める人は必ずいるものです。

当時、ワンマン社長として名高かった岡田茂社長に直接面接することになり、展覧会の企画を伝えてみました。すると、私の話をジッと聞いていた社長は目を輝かせて快諾してくれたのです。そればかりか、具体的に王妃たちの居城の写真をそれぞれのお菓子に添えて実感を出すよう提案してくださったのです。

ここまでくると話はトントン拍子に進み、入場料は2000円で2日間と決まりました。また、その頃オープンして間もない私の名前の付いたティーサロンを第二会場として、展示しているお菓子を売ることも条件に加えられました。すると応援者も増え、塩水港精糖株式会社（現在「オリゴのおかげ」でも知られる）が協力という形で、入場者のおみやげに「お姫さまのグラニュー糖」を提供してくださいました。

40〜50点の王妃たちが愛したお菓子を並べ、生涯の物語を添えました。すでに日本でも知られていたショートケーキやクッキーなどもドラマ仕立てにして、知的な欲求をそそり心に響く演出がなされました。

いよいよ展覧会の初日を迎え出かけてみると、あっと驚く光景が待っていました。開店前から入口にお客様が集まり始めているではありませんか。そして瞬く間に、地下鉄の駅から3階の会場まで3往復もする行列ができたのです。

高校生らの若い女性や主婦はもちろん、業界や他業種の企業の男性たちなど、様々な分野のビジネスマンも大勢足を運んでくれたのです。会場は人でひしめき合い、スピーカーで「先へお進みください」と大声で呼びかける始末です。

そして遂には、重要な解説が書かれたキャプションボードも読む時間を割愛するためにはずしたのです。テーブルクロスが掛けられ、お菓子が盛られたお皿の載った何脚ものテーブルを倒れないように押さえつづけ、何とか見ていただく状態を保つことが精一杯でした。

第2会場と銘打ったティーサロンにも長蛇の列ができ、用意したお菓子はあっという間に売り切れてしまい、百貨店全館の商品のお菓子を集めてそこで売らせてもらったのです。

更に、このような社会現象を察知したテレビ局が、ニュースで取り上げるため取材カメラが何台もやって来て、その対応にも追われたのでした。

私は、「お菓子をニュースにした人」ということで記事になり、朝日新聞の「ひと」欄にも紹介されました。

大きな社会現象をもたらすアイディアということで衆目を集め、その後これまでに「ひと」欄には3回、テレビの「徹子の部屋」にも3回出演する機会をいただいたのです。

この日を境に実用書でのお菓子の世界から、お菓子を通して夢のある素敵な生活の提案や暮らしに夢を与え向上させるという大きなテーマに私自身の在り方も変わっていきました。

それが更に上昇気流に乗っていくことになるのです。

「お菓子の展覧会」はその後、食卓芸術を取り入れた大規模なものになり、全国各地の有名百貨店や美術館などで開催されました。その回数も90回余りとなり、1開催で5万~50万人を集める大型展覧会に参加することもあり、延べ集客1000万人以上の方にご覧いただいたことになります。

全国から学びに訪れる生徒たちにも参加してもらい、作品を出品し制作者の名前も紹介したため、各地で卒業生が私のお菓子教室の分室を開くようにもなり、全員が1本の強い絆で結ばれた「今田美奈子お菓子教室」が大きく発展していきました。

また、外務省の取材で100カ国以上の国にも「今田美奈子の展覧会の世界」の様子が放映され、日本だけでなく世界にも知られる珍しい展覧会を開く人物として有名になりました。また、海外に飛び始めたJALの機内のスクリーンにも「今田美奈子のシュガーケーキの世界」が放映され楽しんでいただけたのです。

日常の食卓を非日常の夢の食卓に変え、単なる食としてのお菓子ではなく、お菓子とお姫さまを結びつけドラマに仕立てたアイディアの勝利でした。

実用書でのお菓子の著者として本のヒットに満足していたら、新しい誰も考えないアイディアも湧かなかったでしょうし、お菓子の女王の座を今日まで保ちつづけることはなかったでしょう。

あなたも素敵な斬新なアイディアを考えだし、勇気をもってその実現のために1歩を踏み出してみてください。何よりもあなたの夢を叶えたいという強い意志が大切ですが、協力してもらえそうな先輩や友人、或いは強いパワーを感じる方に相談しぶつけてみることも夢の扉を開ける第一歩かもしれません。

最初の展覧会の実現にご尽力下さった、当時の販売促進部長の中村胤夫氏はその後三越の社長になり、全国百貨店協会の会長になられました。適切な人物に出会うことも実力のうちと言えます。

私の活動の舞台のひとつは女性に親しまれる百貨店です。現在も私の仕事の中心は新宿髙島屋の「サロンド・テ・ミュゼ　イマダミナコ」ですが、この新宿髙島屋の店長として出会い、東京ばかりでなく大阪、京都店等も紹介していただき、最近35周年の大型の展覧会開催にもご尽力下さった木本茂氏は、現在髙島屋の取締役社長になられました。尊敬する親しい方がトップに輝くことほど嬉しいことはありません。

このような人脈を引き寄せる見えざるパワーは、常に前向きで創意工夫を怠らない日々の努力の上に、何事にも代えがたい仕事への情熱から生まれるものです。それはやがて、実績や自信の積み重ねから発せられる、見えない人間としての魅力（オーラ）になって、さらに多くの人を引きつけるパワーになるのです。

第三章
成功は失敗の中に

1．ショッピングでフランスの城の城主に～ファーストクラスの生活の拠点が現れる～

仕事の内容が広がり、たくさんの人たちと交流が増えてくると、常に人間関係には面倒なことがつきまとうものです。

それにひとつの成功が大きければ大きいほどその成功にあぐらをかき、世の中をあっと驚かすような瑞々しいアイディアも以前ほどに湧き出なくなるものです。

そんな時の私の一種の気分転換、発散方法はと言いますと、多くの皆さんも実践済みかと思いますがショッピングと旅行です。特に私はお菓子の買い物をこれに充てることにしていました。

お菓子が一番輝くクリスマスシーズンにパリに出かけてゆき、お店の飾りつけを見物しながらお菓子を買って帰る旅行です。

旅は心のモヤモヤを発散するだけでなく、新しい人生の行路を発見できる機会になることがあります。ひとりショッピングとひとり旅。女性の憧れのベスト2を私も実践していました。

そんな気分転換の旅のつもりで、大手旅行会社にパリの代理店の日本人F氏を紹介してもらい、アテンドを頼んでパリのお菓子屋さん巡りを始めました。するとF氏は、2日間もかけてクリスマスケーキを買おうとする私に、ちょっと呆れ顔で「ロワール地方に売りに出ているお城があります。よろしければ車で1時間半ぐらいですので、ご案内してもいいですよ」と言うのでした。

私を夢中にさせたお姫さまのお菓子と、そのお姫さまが住んでいたお城がすぐさま連想されました。それに先のお菓子の展覧会で2日間だけ借り受けた、フランスのお城の写真を眺めただけで感動したことを思い出していました。

ヴェルサイユ宮殿は一度訪れたことがありましたが、他にも点在する様々なタイプのお城を見てみたいという思いが膨らみ、F氏に案内してもらうことにしました。

パリから南西へ150キロにロワール地方があります。ロワール川とシェル川が交差して流れ、その周辺には100以上もの大小のシャトーが点在するお城地方です。フランソワ・ブーシェの絵に描かれているような緑の樹木やなだらかな丘があり、貴婦人たちの衣擦れの音やさざめきが聴こえてきそうなのどかで優雅な地方です。ロワール地方にあるお城と言うだけで上質なドラマを想起させます。

ブロアの駅から5分ほど行くとセレット村の標識があり、城の入口を入ると車は森の小道を木洩れ陽を浴びながら進んで行きました。すると、突然私の目の前にそれは現れたのです。

夕暮の前のオレンジ色の陽射しの中に、左右対称で白い壁と青銅のブルーの屋根を持つ18世紀の城館は、眠りから覚めた貴婦人のように物憂げにたたずんでいました。そんな静かな風情ではありながら、歴史の重みを携えた気品あふれる威風堂々とした姿に私は圧倒されしばし息を呑みました。

が、すぐに「この城は私を待っていたのだ」という思いが巡り、その場でF氏に「私、このお城を買います」と言っていたのです。

お姫さまのお菓子を買いに来たのに、お姫さまが住んでいたお城を買ってしまったのです。たまっていた心の鬱積を晴らし心の切り替えをするはずのショッピング旅行は、私の人生を大きく変えるものと出会う旅になり、新たな人生の出発の旅になったのです。

世界で最も由緒正しい伝統に支えられたロワールの城館を所有することは、心に決めて追及してきた貴婦人の世界を手に入れたことに外ならず、生涯の夢にまた1歩近づけたと思いました。

その可憐な古城ロゼール城は約3万坪の森に囲まれていて、18世紀当時は明るい社交の城でした。間取りもその頃のお城のスタイルを整えていて、1階にはグランサロン、プチサロン、食事の間があり、2階、3階に25ものゲストルームがあります。世界のいかなる要人をお迎えしても、正式な歓待ができる構造になっています。3階には祈りを捧げるチャペルもあり、地階にキッチンとワインセラー、食器庫などが整っていました。

広い芝生の庭を奥に進むと森があって、その森の小径を歩いて行くとリンゴ園や畑が広がり、仔羊が放牧されています。

城館の裏門の出入口には庭付きの門番の家につづき、馬車小屋（当時は駐車場の役割）や伝書鳩の小屋、薪小屋、キノコを育てる地下倉庫などが並んであります。そこには18世紀ののどかな貴婦人の暮らしがそのまま息づいているのでした。

そのお城の最後の所有者はフランスの銀行の総裁を務めた貴族の夫人マダム・ローズ（薔薇園を慈しんだことでそう呼ばれた）が暮らしていました。ところが後継者の子息が画家になったため、次第に生活力を失いお城も手放さざるを得なくなったのでした。一流の生活や芸術に囲まれて育つ貴族は、芸術の世界を知り尽くすために芸術家のパトロンにはなっても、子どもたちを芸術家自体にはさせないように育てるのだと聞きましたが、マダム・ローズにとっては皮肉な結果になったのでした。

私はそのお城を築城された当時のままに修復し、世界で一番美しい城に輝かせようと思いました。そして、荒れ果てていた城内を修復して、18世紀の栄華を誇ったお城に戻すことにしました。そこを舞台にしてフランス文化の応援と日本とフランスの文化交流を目的とした民間外交の一端を担うことを決意したからです。

城館修復や内装芸術の第一人者のフランス人を紹介され、その実績等を鑑みて彼に仕事を依頼しました。すると、氏は私に「好みのスタイル（芸術様式）は？」と聞くのでした。

私はすぐさまマリー・アントワネット妃のプチトリアノン離宮を訪れた時の感動が甦り、

「アントワネット妃の世界を好みます」と伝えました。それにロゼール城は形も大きさもヴェルサイユのあの王妃の離宮と同じようでした。

やがて届いた内装プランを見て驚きました。王妃の時代の内装の一番の特徴はシルクです。３ｍ70㎝もの裾が絨毯に華麗に広がる王妃のドレスは勿論、宮殿のカーテンさえも手織りのあでやかな高級シルクでした。シルクはフランス文化の象徴であって貴族の贅を尽くした暮らしの証でもあったのです。そんなことからもロゼール城の内装にもシルクを全面に使用するアイディアが盛り込まれていました。

私はそのプランに感激して、そのままの内容で実行することにしました。リヨンのシルク博物館には当時の王妃が使用したシルクが展示されていました。そこにあった機織り機を何世紀ぶりに動かして、当時の王妃と同じ模様のシルクを織り上げました。そのシルクで天蓋付のベッド、カーテン、ドレッサー、椅子などの装飾が仕立てられていきました。ベッドカバーの周りには布と同じ数種類の色彩の絹糸でよられた組紐のパスマントリー（ポンポン）が付いていて、ベッドを使うたびにそれは愛らしくクルクルと跳ねるのです。

シルクは城館全体のカーテンと壁布にも用いられ、あでやかに全室を飾ったのでした。

調度品にとあつらえた自然の薔薇の木や紫檀、黒檀で作られた組み木の家具（マルケットリー）は、いつかヴェルサイユ宮殿で見かけた王妃の宝石箱等と同じ作り方のもので、美しい絵柄の傑作ぞろいです。

フランス王朝の建築スタイルはといえばルイ14世のバロック様式に始まり、ルイ15世のロココ様式とつづき最後はルイ16世のネオクラシック（新古典）様式となるのですが、マリー・アントワネット妃は一流の芸術家たちと一緒にそれまでの金ぴかで多色彩で曲線の世界を思い切ってシンプルで直線的なものにし、清楚で可憐なスタイルに改めました。これがネオクラシックスタイルです。

こうして王妃の時代に生まれた簡素さゆえの贅沢と落ち着き、しかも愛らしい内装スタイルを私の城館にも取り入れました。

もてなしのテーブルは、そこに置かれる食器などのエレメントが全て建築の内装と同じ様式に整えられて初めて、もてなす主人の人柄や考え方を表すことができるものです。それは、ちぐはぐな混同のスタイルではないので、滞在するお客様は心からくつろぎ和んで過ごすことができるのです。これこそが18世紀フランスの絶頂期、ヴェルサイユ宮殿から世界に発信して完成された生活芸術なのです。その後、アール・ヌーボーやアール・デコが生まれます。

このようにヨーロッパの生活芸術文化の知識を得て、その実現の場を持つともう後へは引けませんでした。日常の生活でも快適さを求め、最高品質で値段など考えぬ夢でうめつくすことにしたのです。

すでに面識があったリネンではNO．1でエリゼ宮や大使館を担当するペネロプ社の女性社長、マイヤー夫人のパリの事務所を訪ねました。そして、ゲストルームの全ての寝具（シーツや枕カバー、ブランケット）にロゼール城の紋章の刺繍を入れて、統一された色彩で整えてほしいという注文を出しました。

更に、晩餐のテーブルやアフタヌーンティのためのテーブルクロスとナプキン用にと、多彩に染めた布の全てにも美しい模様と紋章の刺繍をほどこすように依頼しました。

そして最後に、食卓芸術としてフランスを代表するクリストーフルの銀器、バカラのグラス、リモージュの食器をアントワネットのモチーフで整えたネオクラシックスタイルのシェープでそろえ、その全てにロゼール城の紋章を入れたのです。

こうして内装や調度品、食卓芸術に心を配り、全室暖房を完備し、各室にバス・トイレが付いた私のお城は完成し、18世紀のままによみがえりました。

が、そこからが肝心でした。お城を維持し継続していくには多数の人材が必要です。新聞に募集をかけると多くの応募がありました。そんな中で、何より重要なシェフに選んだのはベルナール・ノエル氏でした。彼はパリの老舗レストラン「トゥール・ダルジャン」のスーシェフで、日本店をオープンする際に総料理長として日本に滞在していました。そんなことで私のことを知っていましたし、その上日本語ができました。

私は彼の起用を決めると、普段でもレストランを営業できるようにと、城館の脇にジャルダン・ディベール（庭園レストラン）を建てました。そして、彼に思い切り腕をふるってもらうことにしたのです。

日本から学びに訪れる女性たちにお城を寄宿舎として滞在してもらい、本場のお菓子を学ぶ短期研修旅行を受け入れることを考えていた私にとって、さらに本格的なフランス料理まで指導できる人材を得たことは幸先の良い始まりでした。

そして、修復の機会を通じて生活芸術や食卓芸術のテーブルセッティング、建築美学の第一人者にも囲まれることになったのです。

迎えた第1回目の研修授業は、前述した大統領官邸であるエリゼ宮はじめ全てのフランス大使館で使用するテーブルリネンを扱うトップ企業、ペネロプ社のマイヤー夫人を講師に招いて開催されました。

その後は近隣の貴族や市長、政財界のリーダーたちやその夫人や生活芸術の専門家など一流のフランス人を講師に迎えました。

こうして世界のどこにもない、お城での生活を体験しながら国際人育成のための「サヴォアール・ヴィーヴル」（生きるために必要な教養）を学ぶ、お城の学校をオープンさせたのでした。

フランスの新聞、テレビの取材も多く、取分け「ポワン・ド・ヴュー」というヨーロッパ王室や上流社界の記事を取り上げる人気雑誌には、「マリー・アントワネットのお城のお姫さま学校」という文字が並びました。当時、日本人では雅子妃につづき私がふたり目の紹介とのことでした。

このロゼール城の実際の様子は日本のテレビの長寿番組「世界ふしぎ発見！」や「笑っていいとも！」や「世界バリバリ☆バリュー」他多数の番組で紹介されましたのでご覧くださった方もあると思います。

こうして私は18世紀のフランスの城の城主となりました。それはファーストクラスの文化の拠点を持つとともに、広い世界を視野に自分磨きをするための国際人育成の舞台を持つことでもあったのです。

私がファーストクラスの生き方を知り、その内容を学び胸を張ってその素晴らしさをこうして主張できるのも、フランスで城主として20年近く過ごした女王様流のこの時の体験があったからです。

2. 大成功の中での失敗

私の身の回りで不穏な噂が立っていることを耳にするようになりました。

私は年中、全国各地の講演や教室での指導の他に、年に2～3回開くロゼール城での研修授業などで国内外を飛び回る日々を送っていました。そんなことで、サロンの経営は男性マネージャーと女性秘書に任せ切っていました。

そんなある時、噂を問い質すために当人たちに話を聞いてみると「会社の金庫は空っぽの状態です」と知らされたのです。経営のまずさによると詫びられました。

その頃、原宿に開設した4階建ての煉瓦造りの「薔薇の館」は全国から学びに訪れる生徒たちで常に満員で、フロアが落ちないかどうか点検している状況でした。その上、私の名を冠したイベントも盛んに行われ、ＣＭ契約では当時としては破格のギャランティを得ていました。更に、製菓材料や器具、そして著書の全国での販売も好調でした。

それに加え、フランスのシャンパンのヴーヴクリコが行っている、世界各国から毎年選ばれる「ビジネスウーマン・オブ・ザ・イヤー賞」の日本代表に選ばれてフランスに招かれ賞を受賞したばかりでした。この賞は女性が開発した新しい事業で年商５～10億円以上の実績がある、世界的に活躍する女性起業家を讃える賞です。

こうした勢いあるビジネスがすでに10年余りつづいていました。確かに、フランスの城館には15億円余りが注ぎ込まれましたが、それは主に私個人の私有財産によって得られる収入で賄われたものでしたので、私は会社の財務の窮地に驚き声も出ませんでした。

ピンチはピンチを呼ぶものです。

ある夜、2～3日の出張から自宅に帰ると、家の中は真っ暗で人の気配がありません。不審に思い食事の間のサロンに行って唖然としました。ウォルナッツの濃茶の壁面にずらっと並べられていた、フィリップス製の音響セットが消えてなくなっていたのです。それは夫がクラシック音楽を楽しんでいたオーディオセットです。

なんと、夫が家を出て行ってしまったのです。結婚して独立している息子と娘に連絡してみましたが、彼らも何も聞かされていませんでした。

それから1週間ほどしたある日、原宿の館の最上階の私の部屋に夫が忽然と現れました。そして、開口一番「離婚してくれ」と離婚届を差し出したのです。

理由は多額の銀行の借入の保証人をマネージャーから依頼され、その返済を夫が負わされたとのことでした。会社の経営責任はどんな理由があるにせよ、オーナーである私にあるのだから縁を切りたいと言うのです。そして、夫は私が今の仕事をきっぱり辞めるならよいと言うのでした。

長い間かけて蓄積してきた財力を失ったことに気づき、夫と共に今田家の一員におさまれば安定した平穏な日々を送ることができます。けれど私はそれを断り、離婚を決意したのです。それまで歩んできた仕事の道を選び、再び歩みつづけていくことにしたのです。お金は失いましたが、これまでやってきた内容と実績は残っています。

シラク元大統領がテレビでおっしゃってくださった「マダム・イマダはフランス人も忘れてしまった文化を理解し身につけ、伝えているただひとりの日本女性です」という言葉にも後押しされ、国際舞台で認められたことや夢を追いつづけて歩んできたことへの思いは何物にも替え難かったのです。

夫との安定した生活を捨て、この先もどんな波乱が待ち受けているかもしれない夢の世界の追求を選択したこと。それは、私の元に学びに訪れる生徒はじめ、世界の多くの人たちに幸せと夢見ることの素晴らしさを届ける使命を背負っていることを自覚していたからです。

トップを務める者の責任をその時ほど強く感じたことはありませんでした。マネージャーのS氏と秘書のH嬢は別会社を作る準備が整っていて退職していきました。会社を立て直すためにまず私は、友人のご主人で大手企業の社長にお願いして、リタイアした2人の男性に経理を担当してもらい改めて健全な経営を心掛けるようにしました。

トップとして成功するには、支えてくれる側近の力を必要とします。ほとんどの人間はやる気になると、相当の力を発揮してくれるものです。技術、手腕、交渉力などあらゆる面で人は、働くことで次第に磨かれていき、やがてプロとなって相応の働きをするものです。

そんな人を育て、成長させるのもトップやリーダーの力量と度量ですし、何と言っても人が成長してその道の達人になっていくのを目の当たりにするのは楽しみでもあります。

けれど、人間のパワーが頂点を持続するエネルギーにはサイクルがあり、10年〜15年が限界です。現代のＩＴ等の分野では１〜２年以内で人も内容も大きく移り変わっていくと言われています。

猛烈な勢いで短期間に燃焼するタイプとほどよい燃え方で長年にわたり持続するタイプの人材があり、トップはこれに気づき働き易い環境を整えるべきです。やる気を失った時にそのままにすると裏切られるか、職場の消滅をも願って共に討死することを余儀なくされることもあります。ある意味、職場に愛着を持っているからということでもありますので、人を見る目は勿論、トップにとって人の心の動きを見る目を養うことは会社を左右することにもつながります。

「去る者は追わず、来る者は拒まず」が一番自然ですが、全身全霊で働いてくれた人には、終了時には優しいねぎらいの言葉で送り出しましょう。この場合、双方で感謝の気持ちを分かち合うべきだと思います。

会社を辞めていった件のふたりは、大勢の生徒やお客様に恵まれ大発展した時期を支えてくれたスタッフであり、私をその世界のトップとして輝かせるため力を貸してくれたことは事実です。このときも彼らをとがめだてしないことが私の苦渋の選択でした。

けれど彼らは雇用主の私に対し、どのような思いで去って行ったのでしょう。

私の仕事の中心は「今田美奈子食卓芸術サロン」で、世に食文化の夢を普及させる教室授業です。これを支えるのが教室の運営とそこで働く人々の活動力です。卒業した生徒の希望者がやがて指導者等として戦力となってくれる場合がほとんどです。そのひとりの女性の父上の故山口信夫氏が日本商工会議所会頭でいらした時のこと。その会の新年会の着席の会場でスピーチされた後、壇上から私の姿を見つけられ、降壇すると遙か遠くにいる私の元に足を運ばれ、「娘がいつもお世話になっています」と頭を下げられご挨拶をいただいたことを忘れることができません。働かせてもらう感謝と、働いてもらう感謝のバランスを保つ人間関係を心がけることがリーダーの条件、ということを日本の経済界のトップから学ばせていただいたのでした。

3. 天職のテーマと目的を明確に〜食卓芸術サロンの開設〜

幸運なことに原宿の「薔薇の館」と私の名は全国に知れわたるようになっていました。そして、間もなく新しい大きな波が押し寄せてきたのです。

それはイギリスのダイアナ妃とチャールズ皇太子殿下のご来日のフィーバーがきっかけでした。おふたりのウエディングケーキを渋谷の西武百貨店の正面玄関に飾ったことが話題を呼びました。これを機に、ロイヤルウエディングケーキの製作者をイギリスに訪ね製法を学びました。それだけではなくその製菓学校と姉妹校の契りを結んだのでした。

その結果、世界で一番優雅で美しい砂糖菓子のシュガーケーキデコレーションの授業が盛況になりました。そして、「入門シュガーデコレーション」(柴田書店刊)の発刊とともに新しいお菓子の一時代が生まれたのです。

若乃花関、貴乃花関の結婚式で私の教室がウエディングケーキを製作することになりました。貴乃花関の時には、景子さんが生徒になり通われました。

若貴フィーバーは熱狂的で、当日まで秘密のウエディングケーキのデザインや色彩について、他社より早く情報を得ようとする各局のワイドショーが連日待ちかまえていて、その対応に明け暮れました。

その頃、フジテレビのプロデュースにより環境庁の依頼ということで、皇太子殿下御成婚記念の噴水公園開園にあたり、「お菓子で作った噴水公園」の製作を頼まれました。製作品は皇居和田倉郷噴水公園休憩舎（現レストラン）に展示され、皇太子殿下、雅子妃殿下がご高覧くださりました。

その後、それは10年余りに亘る展示となったのですが、オープニングの式典では若貴ご夫妻とご両親がテープカットで出席されました。当時、フィーバーの渦中の日本のトップの方々のエネルギーがその場に集中し、まるで空気が沸騰しているようでした。時代の空気はこうして盛り上がり流れていくのだと思いました。

こうした国家的なお祝いを象徴する祝賀ケーキを製作し献上することで、私は日本を代表するお菓子製作者であることが証明されたのでした。製作に携わった生徒たちとこれ以上ない喜びを分かち合ったものです。

ご成婚間もない皇太子殿下ご夫妻の記念公園開園のお祝いに、横綱兄弟ご夫妻とご両親という日本を代表する絵に描いたような理想のご家族が花を添え、テレビでそのニュースを観た全国の人々はその風景を憧れの眼差しで眺めたのでした。しかし、その後のことを考えますと、うたかたの幸せの情景だったのかもしれません。

当時、おかみさんの花田憲子さんは、「誰が何と言おうと私が産んだふたりの息子が、ふたりとも横綱になる私の人生はすごいものだと思っています」と言われていました。そして、私におふたりのウエディングケーキの製作を依頼した理由として、「若関のときお相撲を若い人に知ってもらうために、若い人の憧れの今田先生にお願いしたの。そうしたら若関が横綱になったので、貴関のウエディングの時もまたツキを呼ぶお菓子として先生にお願いしたの」とおっしゃって下さったのでした。この言葉は今でも私の励みになっています。

私はファーストクラスの生き方を実践した女性のひとりが花田憲子さんだと思っています。その他はアメリカのジャクリーヌ・ケネディ夫人、そしてモナコ公国のグレースケリー公妃です。時代の頂点に輝き、業界や国家まで変化させ輝かせることに成功し、世の中の人々に知られ憧れの対象となった女性たちです。

けれどツキのパワーは永久に留まっていてくれないものです。人間の美しさや力やツキは余りに完璧に整ってしまうと持続することは中々難しいものです。

何事もその瞬間としてとらえることが肝心なのですが、たとえ短期間であっても最高の力やツキを体験することは素晴らしいことです。私はいろいろな方とのご縁に恵まれて成長できましたが、出会った方々のパワーをお福分けしていただくことも、ファーストクラスの生き方につながります。

若貴関の以前に歌舞伎の中村橋之助さんと三田寛子さんのためのウエディングケーキの製作も手掛けました。寛子さんも生徒になり可愛いピンクのウエディングケーキを一緒に作りました。

アイドル時代から伝統芸能の役者の妻、母を完璧にみごとにこなす三田寛子さんもファーストクラスの生き方を実践しています。

そして、常にファーストクラスの女性として注目され、学ばせていただき、尊敬申し上げるのは皇室の妃殿下方です。

文仁親王妃紀子殿下、清子内親王殿下（現黒田清子様）、憲仁親王妃久子殿下に百貨店での私の展覧会でご高覧をいただいたのもシュガーケーキの世界でした。

その頃には私は内輪の悲劇からも立ち直り、新しい時代のお菓子の世界の花を咲かせることができたのでした。

時の流れに乗るというのはこういうことなのかと思うくらい、再びあちこちから声がかかるようになりました。

長崎ハウステンボス、札幌の北海道ガス、NHKや朝日新聞社のカルチャースクールなどで教室を開くようになりました。特に神戸大丸の教室はその後20年余りつづくことになります。現在では、大阪のザ・リッツカールトンホテルや大阪、東京の髙島屋での私のサロン講座に新しい時代の熱気が溢れています。

印象深い場所では、当時話題の大人気のお菓子メーカー「ヨックモック」が青山に本社ビルを築いたときです。ここに毎月招かれて教室を開催しました。それも終日全館貸切で、お得意先の奥様やお嬢様方にお菓子作りを指導する授業をして、ゆったりと皆さんとティータイムを過ごすのです。

その中には後の読売巨人軍原辰徳監督夫人はじめ錚々たる顔ぶれの方々が集まりました。ツキを呼ぶ建物や場所からはパワーを得ることができることを知りました。

風水ではありませんが、建物や場所には気の流れがあります。時の流れと気の流れ、流れを見極める心眼を養うことはとても大切なことです。

このことがきっかけとなって、全国の教室にはその土地で活躍の方々が集まるようになりました。やがて歴代の総理大臣や閣僚、政財界で活躍され時代の顔となり日本を支えてきた方々のご夫人やお嬢様、お孫さんまでいらっしゃるようになりました。その時の皆さんとは、それから長いお付き合いが芽生えたのです。

このような多くの方々が私の教室で学ばれ、ライセンスを取得されました。卒業生の同窓会「ムースの会」（当時、世界的に流行するようになったデザートの名にちなんだ名称）の会員資格は日本女性のステータスとなり、私はそれにより責任感をより感じ身を引き締めることになります。

お菓子作りの指導だけでなく、国際的な女性の育成に加え、食卓文化や交際術全般の研究と指導に可能な限りの力を注ぐようになっていきました。

またその頃、パイオニアが発売した日本初のレーザーディスクのタイトルに、各界の第一線で活躍する人たちが選ばれました。ゴルフの青木功さん、スキーの三浦雄一郎さんらと一緒に、「今田美奈子のお菓子の世界」も選ばれて映像化されました。

そのお披露目が帝国ホテルで盛大に開かれました。その映像作品によってこれまでとは違う業界でも注目されるようになり、私のお菓子の世界の取り組みは更に広く知れわたるようになります。最近、三浦雄一郎氏の奇跡の雄姿を拝見し、敬服とともにその頃を思い出し懐かしさを感じました。

私は運命の糸に操られ、幸運の方々からエネルギーをいただきながら、私が目指す世界では日本を代表するトップとして各方面から認めていただけるようになっていました。

そんな折、離婚した夫が再婚を求めてきたのです。私の父が遺した会社を管理する上で、法律的な不具合が生じたからでした。

私は再婚を受け入れ、やがて会社の管理は息子に委ねることになりました。間もなく、夫はアルツハイマーを発症し、その後老人施設でのどかな余生を送るようになりました。

人生には大きな夢や希望に胸ふくらます時もあれば、打って変わって全てに暗雲が立ち込め落胆する時も訪れます。これは大なり小なり全ての人が経験することです。

世の中にはラッキーなことばかりではありませんが、最悪なアンラッキーにぶつかっても、決してそれで終わることはありません。

但し、最初から余りにも壮大な夢の実現を考えていると、それに近づけないと解ったとたん力が萎えてしまいます。

どんな夢でもよいのですが、段階的に突き詰めていくと本物に近づくことも出来ますし、努力しながら自身の品格を高めることによって夢に近づくことが出来ると思います。

時代の表舞台での活躍やメディアの世界、コンピューターやネットの世界を追求すること、服やアクセサリーのデザインをすること、お花や野菜を育てることなど身近なことでも構いません。また、1部屋を開放してサロネーゼの道を選択することなど。どれもとことん研究し理解することは大事です、が自分の性格との相性を冷静に考えてみることも大切です。自分がやろうとする世界を愛することができるかどうかが一番重要です。そして、それが大丈夫と分かったなら、その世界を一番に育て上げる気持ちを持つことです。自然に心がわくわくすることを見つけることです。

言えることは、何事も失敗を恐れていてはそこから先には進むことは出来ません。様々な選択肢がある中で、自分で選び自分で決めたことを恐れずに突き進むこと、それがすべての始まりとなるのです。

話を戻しますが、22歳で結婚しそのまま普通の主婦をしていた私が36歳で初めて外国行きの夢を叶えました。その時のこと、留守を母に頼むと、母は「子どもの面倒は見るけど、夫が反対したら止めなさい。妻がよいことをするのにそれに反対するような夫と結婚したことが悪いんだから諦めが寛容。いざこざには係りたくない」と言いました。

この話を聞いたある婦人誌の女性編集長が、「そんな時は決して大賛成など周囲に求めないこと。沈黙は賛成として進めること」と言ったことに私はうなずきました。

次に母は「お菓子を国立の製菓学校で学ぶなら、今の日本ではお手製の思い付きの甘いおやつが出回ってるけど、本物の伝統の配合や作り方を日本人に正しく伝える役割を果たしなさい」と言うのです。

その言葉には妙に説得力があり、こんなチャンスはそう訪れるものではないと思えてきたのです。が、とうてい実現する意志ももてないまま、ただ「はい」とだけ答えて、家族をベテラン主婦の母に押し付け、外国行きを実行することにしたのです。

前に述べたように私は女だけの5人姉妹でしたが、ひとりが10～20人友達を連れてきてパーティを開くこともあり、その度に母は見よう見まねで手作りお菓子や家庭料理でもてなしてくれました。

蛇足ですが、父もサービス大好き人間でしたから、女の子の喜びそうな花模様のカップに紅茶を入れたり、手品をして子どもたちを喜ばせてくれたものです。この様子を近所に住む後に私の夫となる人の祖母が知ったのでした。祖母は主婦の友の編集者で「おふくろの味」などの言葉を作った人でした。祖母の元には若き日の食のジャーナリスト岸朝子さんがいらっしゃったりして、そんな関係で私の家のもてなしぶりはよく誌面で紹介されたのです。

話を戻すと、母は自分のことを指して、いずれ日本にも本格的な洋式生活が根付き国際時代を迎えることで、母の様な主婦の工夫料理やもてなしではなく、本物が志向されるとともに本物を指導することが必要になると考えていたようです。その時代に役立つ指導者になる覚悟があるなら賛成すると言いたかったのでした。そして、「正しくて一番素晴らしい本物を学びに行きなさい」と言って送り出してくれました。

あなたの人生に大きな転機が訪れる時は、あの手この手で天からメッセージが送られてきています。それはごく身近な人からもらう言葉の時もあって、その場合には大概後で解ることになります。

様々なメッセージはあなたの気持ちに沿うときはよいのですが、気持ちに係らず投げかけられる時もあり、気づかないでいることになります。何気ない普段の会話や流れてくる情報などに耳を澄ますことが、或いはあなたの転機になるかもしれません。

ふり返ってみれば私の場合、普通の主婦からお菓子の女王と呼ばれるようになる最初のきっかけは、明治生まれのごく普通のベテラン主婦の言葉だったと気づかされました。

第四章
世界のトップたちの素顔

1. 夢の力で世界のトップたちと出会う

フランスのお城の学校（サヴォアール・ヴィーヴル）は次第に軌道にのりだし、ロゼール城はヨーロッパの華麗な社交界の舞台となっていきました。

その場で出会った人脈は、日本のひとりの女性にすぎなかった私をヨーロッパの上流社界の一員として迎え入れられ、私はお姫さまとして異次元の夢の世界に誘われていきました。

そのきっかけを作ってくださったのはロワール地方の貴族たちの代表ともいえるブラント侯爵でした。元フランス大統領ディスカール・デスタン夫人のご実家の城主で、奥様がアメリカ人であったために閉鎖的な上流階級の人々の中に加わる正攻法を身につけられていました。侯爵夫妻はその術を私に伝授してくださる意気込みでお付き合いくださったのです。

おかげでロゼール城には多くの城館の城主ご夫妻たちが集い、晩餐会が催されていきました。すると、必ず返礼の招待が習慣でしたので、様々な貴族たちのお城へも招かれて行きました。

近隣のアンボワーズ城のプリンスたちやナポレオン皇帝のご子孫からポーランドの王子さま、16世紀にこの地にお輿入れしたカトリーヌ妃に会った日の事をご先祖から伝えられている侯爵まで、遙か昔日の王宮絵巻がよみがえり晩餐は明け方までつづくこともありました。カトリーヌ妃が、3人の王子が暗殺等で世を去ることを占星術師から予言として聞かされたという、ショウモン城の暖炉の間にも案内してもらいました。

こうなるとご縁は次々と連鎖するようにヨーロッパ中に繋がっていきました。イタリアのメディチ家の後裔のプリンセス、ロレンツア・デ・メディチ夫人とも親交が生まれました。トスカーナで夫人が開いているサヴォアール・ヴィーヴル（メディチ家に伝わる料理やお菓子、交際術）の学校と姉妹校になり、その後10年に亘り夫人が引退されるまで、生徒たちと毎年伺うようになりました。

その間、メディチ夫人の紹介でキャンティ・クラシコのワインで知られるリカーソリ男爵家やサルジニアの王子さまなど、イタリアの多くの貴族の館のディナーやアフタヌーンティなどにも招いていただきました。後には磁器で知られるジノリ侯爵ご夫妻とも出会い、最近も生徒たちと宮殿での晩餐にあずかりました。

さらにイギリスでは、エリザベス女王陛下の女官から王室主催の競馬「ロイヤルアスコット」（イギリスではロイヤルミーティングと呼ばれる）へのお誘いを受け、女王陛下ご一家がお出ましになる場へご案内していただくことになりました。こうした場を取り計らってくださったのは、パーマー卿の従姉妹にあたる元バチカン大使夫人のパーマー夫人でした。その後様々なイギリス貴族の広大な邸宅を訪れ宿泊滞在しては「おもてなし」の何たるかを学びました。

世界に知られる英国の紅茶文化アフタヌーンティ発祥の地、ロンドン北西に位置するベッドフォード公爵の城館、ウォーバンアベイ内の「ブルー・ドゥローイングルーム」にも行きました。アフタヌーンティはベッドフォード公爵家7代目のアンナ・マリア夫人がそのドゥローイングルーム（応接間）で始めたと言われます。ヴィクトリア女王がお泊りになったベッドルームまで見学させていただき、究極のディナーとアフタヌーンティをいただきました。

イギリスの建築史を飾るサイヨンハウスで、ノーサンバーランド公爵末裔のレディ・キャロラインのお茶会他多くの名家にも招かれて伺いました。

人と人とのご縁は信頼の扉が一度開かれると風通しがよくなり、天の女神はさらに現代のお姫さまの扉を開いてくれました。

モナコのプリンス・アルベール（現大公）には数度お目にかかり、同行の生徒たちとともに宮殿でお会いし、記念写真を撮らせていただいたりしました。

ごく最近では、来日されたリヒテンシュタイン侯国のアロイス侯太子殿下には日本の皇太子殿下とご一緒に、新国立美術館での「リヒテンシュタイン　華麗なる侯爵家の秘宝」展（朝日新聞社主催）に展示した、当サロンの卒業生たちが製作した、お菓子の「リヒテンシュタイン庭園宮殿」をご高覧いただきました。

以前、お母様のマリー・アグラーエ公妃がご来日の際にもお目にかかることができましたが、今回のお菓子の宮殿は各地の美術館を巡り45万人を集客し、京都市美術館で終了しました。現在は、京都ホテルオークラに展示されています。

このような世界の頂点に輝く方々にお目にかかることが出来た私の人脈は、私自身のみでなく私の元を訪れる生徒たちにも、貴重な体験の機会を与えました。生徒たちにとっては国際人として視野を広げ、成長できる素晴らしい場となったのでした。

2. 世界のトップとの出会い2

ファーストクラスの生き方の極意を身につけるために、私が実際にお会いした現実のお姫さまについてもう少しお話ししましょう。

エリザベス女王の優しさと威厳については多くの方がご存知ですが、このクイーンをお育てになったクイーン・マザーについてお伝えすることは、この本で伝えたいひとつの答えにもなります。

前述した王室主催のロイヤルアスコットには幾度も出かけましたが、最初がクイーン・マザーの最後のご観戦のときでした。

ロイヤルアスコット開催の4日間を、女王ご一家にお会いする目的でチケットを手に入れた貴族や貴婦人が、シルクハットや工夫を凝らした華やかな帽子姿で、ぎっしり芝生の道の両脇に並びご一家のお出ましを待ちます。

その日のクイーン・マザーはふんわりとしたブルーのシルクのドレスとおそろいのお帽子をかぶられていました。芝生をゆっくりお歩きになるのですが、その時の自然な笑顔の優しい美しさを生涯忘れることができません。両脇の人々に向かって公平に振り向かれながら決して一部の人とだけ目を合わせることはなく、一瞬も微笑みをたやされないのです。それは知り合いにも私どもの様な異国の人にも分け隔てなく、「あなたにお会いして嬉しいわ」という思いを抱かせる、素朴で慈愛に満ちた表情の素晴らしい笑顔でした。この時、クイーン・マザーは98歳で、しかも腸に管を付けていらっしゃったために、ふわりとしたワンピースを召されていたのでした。そのような状況でもすべての人を慈しみ微笑みを贈るお姿に接し、クイーン・マザーと親しまれていた理由がうなずけました。

トップとして存在する女王さまは、命ある限り微笑みつづけ全ての人に愛を注がなければなりません。

ダイアナ妃についてもお話ししましょう。

世界で一番美しい悲劇のプリンセスとして知らぬ人とてないダイアナ妃にお会いしたのは、1986年チャールズ皇太子と伴に来日されたときです。

ホテルで開催された、日英協会の歓迎会にご夫妻で出席されました。このパーティでダイアナ妃に付き添われて登場したイギリス大使夫人が、私のことをシュガーデコレーションケーキを日本で伝えている先生としてご紹介くださったのです。ご夫妻のご成婚の折、24のケーキの中から選ばれてセントポール寺院に展示されたウエディングケーキを再現して、渋谷に西武デパートの正面玄関に飾ってお祝いしたことで大使夫人にお会いしていました。

ダイアナ妃は故国のお菓子と聞き、くつろいだ表情でにっこりと微笑まれて、私の手をぎゅっと握りしめてくださいました。

パーティの終了後、出口で待っていたメディアにダイアナ妃の服装や対話についてインタヴューを受けました。

黒の細かい千鳥格子のツーピースで、光沢のあるダイヤ型の粒をつないだジェットの首飾りをされていました。この地味な服装がダイアナ妃の白磁のような白く透き通った肌を引き立てて、本当に美しい女性だと思いました。それは世界の頂点の女性として仰ぎ見られる立場から醸し出される、完璧なお姫さまの美しさでした。

けれど、そのろうたけたお姫さまの手のひらはごつごつとして硬く、イメージと異なることに実は驚いたのです。

後に、このときダイアナ妃のお世話に当った女性から私の友人が聞いた話によると、妃はご結婚後世界を訪問されていましたが、特に日本では大変なフィーバー振りで、日々様々な場所で握手攻めに合っていたのです。妃はその都度しっかりと握り返したため手が腫れ上がり、在日中の夜にはずっと温湿布で手当てをされていたというのでした。

お姫さまの握手はこうしたことを防ぐため、軽く交すことが常識とされているそうです。が、プリンセスとして全てに手を抜かず、あらゆる努力を重ねた純粋なダイアナ妃ならではのエピソードだと思いました。後に、そのような純粋さゆえ、夫の愛に落胆してしまったのではないかと思えるのでした。

その後ダイアナ元妃は医師団と組んで、世界の病気の子どもたちを救うチャリティ活動に尽力するようになりましたが、その一環で再び日本を訪れることが決まっていました。私は医師団からの誘いで、ダイアナ元妃と共にチャリティパーティを行う予定でした。しかし、それを前にして、ダイアナ元妃の事故死の知らせが届いたのです。こうして、楽しみにしていた再会は叶うことがありませんでした。

私は本当にたくさんのお姫さまたちにお会いしましたが、胸がわくわくするような喜びでお会いすると、お姫さまも親しみ深く語りかけてくださるものです。愛すればこそ如何なる人とも「以心伝心」解り合えるものです。

こうして私はマリー・アントワネットのような歴史上のお姫さまから、ダイアナ妃のような現実のお姫さまたちまで、心触れ合う機会を得てきました。

東洋に生まれたひとりのごく普通の女性の私が、本当にたくさんの異国の地のお姫さまに出会えた事実を、最初誰が想像したでしょう。私自身も驚きを禁じ得ませんが、人が求める夢や叶えたい思いは時空を越えて届くこともあり、やがて夢は現実となって出会うことが出来るということを知りました。

あなたもあなたの夢を育てる喜びを感じる人でいてほしいと思います。そして夢へ向かって翼を大きく広げ羽ばたいてみて下さい。遙か遠くに見え隠れしていた夢が、やがて近づいてきてその手の中に……そんなことを想像してみましょう。心がわくわくしてきて、夢に近づくために頑張れると思いませんか。

3．フランスとの深い縁

ロワール地方にはブロワ城はじめシャンボール城など、中世の王妃たちの物語の舞台となった歴史的なお城が数々あり、小型ながら私のお城もこれらの名城と隣組です。

西にはアンボワーズ城やロワールの真珠と呼ばれるアゼ・ル・リドー城、眠り姫の舞台のユセ城などが点在し、舞台美術や脚本を手掛けていたフランス人女性のひとりに案内してもらったことがあります。幾世紀にも亘って生きつづける名城は当時のまま、繰り返す自然の営みを眺めながらたたずみ、王妃たちのドラマを語りつづけていました。

脚本家女史は、「長い月日を経ながら、どんな時代にも人の心を虜にしてやまない魅力を持っているのですよ」と語られていました。

ある時、熱気球に乗ってロゼール城や森を見下ろすと、ミニチュアの風景が広がりお伽の国に迷い込んだような気持ちになり、お姫さま気分をゆったり味わうことができました。

そんなシャトーライフの楽しみも分かってきました頃、ロゼール城にフランスの頂点のお客様を迎える日がきました。これまでもたくさんの日本や外国からの素晴らしいお客様においでいただいていましたが、ついにシャルトル大聖堂のルゴー管長をお迎えすることになったのです。

シャルトル大聖堂は13世紀に完成した、フランス国内で最も美しいゴシック建築のひとつと言われています。１９７９年にはユネスコの世界文化遺産（第1号）に登録されました。

ルゴー管長との出会いは私の母校の白百合女子大学元仏文科教授のマ・スールフランソワーズのご紹介で、初めてお会いしたのはロゼール城の授業の建築美学でゴシック建築について学ぶため、生徒たちと一緒に大聖堂を見学したときのことです。

日曜日の大聖堂の音楽ミサに参列すると、その日の列席者の世界の要人を発表される習慣があるのですが、私の名をロゼール城城主として、また日本の代

表として呼んでくださったのです、
そんなことから管長とも親しくさせていただき、修道院の晩餐にもお招きいただきました。そのお礼としてロゼール城にもいらしていただいたのです。

その夜、管長はじめセレットの市長ご夫妻、サヴォアール・ヴィーヴルの生徒たちと開いた晩餐会は歴史に残るものでした。

このようなご縁で、後に世界文化遺産に貢献するために、大聖堂のステンドグラスの修復基金を募るパーティも開きました。

こうしてさらに縁は広がり、駐日フランス大使グルドー・モンターニュ氏にもロゼール城においでいただく機会ができました。

大使は私が出演したテレビ東京の番組「世界を変える100人の日本人」にもご出演くださいました。その時、「今田先生はフランス人が忘れたフランスの最高の文化を世界に伝える人」と日本語でコメントしてくださったのです。

フランスとの深い縁の証として、２００３年「芸術文化勲章オフィシェ」を受章しました。これまでフランスの伝統ある文化を探求し提唱してきましたが、フランス政府にテーブルアートのトップランナーとして正式に認めてもらえた瞬間でした。

4. 堂々とした国際人たれ〜度胸が成功の鍵〜

パリのパレロワイヤル（ルイ14世が少年時代を過ごした城館で現在は文化省）で当時の文化大臣ヴァーブル氏が祝賀パーティを開いてくださいました。ロワールのブラント市長ご夫妻やシャルトル大聖堂の役員の方々セーヴル美術館館長等の文化人、駐仏日本大使平林博氏他１００人余りの錚々たるお顔ぶれにお集まりいただきました。日本からも20余名の私のサロンの生徒が参加しました。

尊敬するド・ビルパン首相、それにシラク大統領もお祝いのメッセージをくださり、その様子は日本のテレビでも放映されました。

この時、文化大臣の同意を得て名誉会員になっていただいて、一般社団法人「国際食卓芸術アカデミー協会」が誕生しました。

こうした方々に見守られながら、私の「食卓芸術サロン」はお菓子教室ばかりでなく食卓芸術や生活芸術、プロトコールマナー（国際儀礼）にまで広がり、益々国際女性の育成に貢献するサロンとして発展することになったのです。

実は受賞の祝賀パーティの席上、私はある深い感慨にふけっていました。

私は小学校の高学年から中学・高校と箱根の強羅にできた函嶺白百合学園に姉妹で通学していました。この時の修道女で校長の山本ムメ先生（マ・メール・ジョセフィーヌ）がお話ししてくださったことを、私はずっと忘れることができませんでした。

「あなた方は終戦をむかえた小さな国日本のことばかり考えていてはいけません。堂々と外国の人たちと交流する国際人になることです。ヨーロッパの文化を身につけなさい。それは人類が生み出した一番美しい文化です。プロトコールマナーの源です」

このように話されて、決しておびえることなく堂々と大きく羽ばたくことを求められました。

当時、フランスからカトリックの枢機卿（最高位の司祭）が賓客として来校されました。私が花束を贈呈したとき、山本マ・メールは私に小声でそっと「もっと笑顔を。枢機卿様のお顔をちゃんと見て微笑みなさい」と緊張している私にアドバイスしてくださったことを今でもはっきり覚えています。

付記しますが、山本マ・メールの父上の山本信次郎氏は海軍元帥でしたが敬虔なカトリック信者であり、当時皇太子であった昭和天皇の国際儀礼のご教育係として仕えました。ヨーロッパ歴訪に付き添われ、ローマ教皇ベネディクトゥス15世との会見を実現させた方でした。そのとき同行した、横須賀の海軍病院院長で医師であった私の夫の父からも、山本信次郎氏の教育者としての素晴らしさを聞いたものでした。

話を戻しますが、芸術文化勲章を受章した際、文化大臣と駐仏日本大使の祝辞に対し、フランスへのお礼を述べなければなりませんでした。

これに先立ち予めスピーチの内容は、崇拝する母校の仏文科教授で山本マ・メールを知るマ・スールと相談して作っており、それは完璧なものでした。

フランスの魂を表現した青色であるシャルトルブルーのステンドグラス、「聖母子画」との出会いなどにふれた深い内容の話で、フランスへの敬愛を伝えました。

そして私はスピーチに当り、子どもながらにしっかりと記憶にとどめていた山本マ・メールの言葉を思い出していました。

メッセージを全てフランス語で暗記し、表情豊かに堂々と演説したのです。

フランスの私の城で長い間働いていた日本の女性秘書が、その後大臣秘書から聞いたことですが、これまで多くの受章者や世界の要人をここに迎えたが、どんな世界のリーダーよりマダム・イマダのスピーチは飛びぬけて堂々として素晴らしかったと大臣一同が感心されたというのです。

山本マ・メールの教えは時を越え、このような場でも生きていたのです。

私が今日まで日本や海外で活躍し、多くの人に思いを伝えることができた一番の要因は、いかなるときも決して臆することなく、相手に理解してもらえる話し方ができたことだと思います。

山本マ・メールの教えに加え、もうひとつ子ども時代の思い出があります。

子どもの頃、海辺の我が家に100余名ものお客様を迎えることがたびたびありましたが、父は必ず私をその場へ呼んで挨拶をさせたのです。暗にお客様を喜ばせる魅力的な内容と話し方を求められました。それは父が私に自信を持たせるためのひとつの訓練でした。

そんな来客の中に講演家として有名な大学教授もいらして私に目を止めてくださり、スピーチの訓練にその先生の元に通ったことがありました。

今でも覚えていますが、例えば「薔薇」をテーマに5分間話してください、というような勉強法でした。わずか5分間で聞いた人を、泣かせたり笑わせたりして感動させなければならないのです。そんなことの成果が出たのか、学校で私が話し出すと周りに人だかりができるようになりました。

後に、粉と卵とバターと砂糖という平凡な日常の材料から作るお菓子に物語を添えて、日本の洋菓子の世界を盛り上げることができたのも、こうした体験に基づくものだったのかもしれません。

フランスの城主時代にはニースのフランス語学校に入り、外交官、企業リーダーとしてのフランス語の演説法を学びましたが、ここでも先生たちをびっくりさせるほどの会話術を習得することができました。

私の人生の如何なる場面でも、山本マ・メールから教えられた国際人としての心構えと子ども時代の話す訓練は、宝物としてわが身にしみついてくれています。

「堂々とした国際人たれ」、という言葉は、私を通じてこれから羽ばたこうとしているあなたへ贈る言葉でもあるのです。

そうした体験から私が日本の女性たちに対する教室として、女王さまたちの歩んだ人生を話したり、実際にトップの方々に接する機会の旅行などを行ってきたのは、人前で決して上がらず堂々とすごせる女性になってもらうためだったのです。

少し話は変わりますが、日本の一番難しい時代を過ごされた昭和天皇についてふれてみましょう。

世界の歴史の中でも特筆すべきトップとしての生涯を送られた昭和天皇の映画「終戦のエンペラー」を観て、リーダーとしての真の有るべき姿を教えられました。

第二次世界大戦後の処理で最大の難問でもあった、天皇の処遇をどうするかをアメリカは苦慮していました。処刑もひとつの選択肢であり実際に検討されたようですが、それを聞いた日本人は天皇陛下は象徴でありお考えをもたない存在と伝えました。しかし、アメリカは神として崇め絶対的な存在であったことを承知していました。

そんな中、連合国軍最高司令官マッカーサー元帥は、陛下を呼び出し初めての対面をしたのです。その時の陛下のお言葉を聞いたマッカーサーは、その人格のあまりの素晴らしさに茫然としたのでした。

天皇陛下は戦争をつづけたがる暴挙を止め、悲惨な戦争をやめるためにあの有名な「終戦宣言」をご自身のお言葉で述べられました。そして、マッカーサーに向かって、ご自分ひとりが日本国民すべての責任を背負うので、どのようにでも処遇するようにと静かにはっきりと述べられたのです。

陛下は日本国民の頂点のお立場です。国民が追い詰められたとき、言い訳や弁明もなく命をかけて国民を救おうとされたのです。

私は、恩師山本マ・メールのお父上が、天皇陛下に指導された教育の成果がどのようなものであったのかを、これをもって知ることができました。

トップとして完成されたお心構えを持たれる日本の皇室は、やがて民間からのふさわしい皇太子妃殿下をお迎えになり、開かれた皇室としてすべての国民に尊敬され愛されつづけています。現皇后の美智子妃殿下とは15歳の時にお会いし、その美しさと優しいお振舞に感動したことを鮮明に覚えています。

国際人としてのトップの在り方とは何かを考えさせられ大きな例えとして述べましたが、トップたる者、人に慈しみを持って当り、如何なる時も自らの責任をもって対処しなければならないものなのだと思います。

人生を振りかえってみる時、あなたが学校でお世話になった恩師との忘れられない場面があることでしょう。教育とはいかなる時代も人間に大きな影響を与えるものです。もしも心に残る言葉や思い出があるならば、その学校や先生のことを宝物のように大切にしましょう。

私は山本マ・メールというかけがえのない恩師に出会い、「堂々とした国際人たれ」という教えを得ました。子ども時代に聞かされたその言葉が、後に国際社会に臨む私の心の大きな支えにもなりました。国際人として生き、トップを走りつづける中、「我が師の恩」に少しでも報いることが出来たことは、私自身の歓びでもあるのです。

第五章
素敵な女王様流生き方

1．紆余曲折の人生もプラス思考で

大自然の力で世の中が一変し、それによって個々の運命すら変わることがあります。

ロゼール城と別れる日がやってきました。

昨今の異常気象は世界的な現象となっていますが、フランスでは最初の猛暑は10年ほど前に始まりました。記録的な猛暑により高齢者を中心に1万4千人以上が亡くなったと世界に報道されました。

ところが冬はとてつもなく厳しい寒波が襲い、温暖のはずのロワール地方も例外ではありませんでした。余りの寒さのためロゼール城の庭石が10センチも浮き上がり、石造りの城内の壁面にひびが入ったのです。近隣の20ものシャトーが同じ現象にみまわれ、ロワール地方は市長を通して政府に修復費の支援を願い出ることにしました。

市長は、城館災害が異常気象による自然災害であることを政府に届けてくれました。しかしそれから3年の月日を経て、地球のあらゆる所で異常気象が今後もつづくであろうことを理由に、政府は国家財政を考えてその訴えを認可しないことになりました。こうして、全ての城館の災害保険は支払われないことになった、と市長から発表されたのです。

私はやむを得ずロゼール城を手放すことにしました。市長の協力で城内の一切の品物もそのまま添えて売却したのです。美しいお城を何とか生かしてもらうことを条件にフランスに返還しました。

私にとってお城という形の財産は消えましたが、何物にも替え難い、そこで過ごした日々の思い出と、そこで出会った多くの人たちとのお付き合いはしっかりと残っていました。何よりそこで学びとったものはまさに人生の宝であり、お金で換算できない心の資産としてその後の私を支えてくれています。

人は宝、ということでもうひとつお話ししたいことがあります。

日本のテレビ局が先のフランスでの芸術文化勲章受章パーティを取材していましたが、私のフランス語のスピーチの場面は日本で放映されませんでした。私はそのときのディレクターに、記念すべきシーンなので是非放映してほしいと伝えていました。

後にディレクター氏にそのことを聞いてみると、「あまりに優れている姿を伝えると今田先生が日本で嫌われ者になってしまうので止めたのです」と言われました。

ふと私は、母に言われた「出る杭は打たれる」という言葉を久しぶりに思い出したのです。

トップにはそれなりの覚悟がいります、ということをこれまでも書いてきましたが、ここでは別の意味での覚悟にふれます。

よく芸能タレントの方がプライベートをスクープされて週刊誌沙汰になり、テレビのワイドショーをにぎわすことがあります。

そんなとき、プライベートを侵されたと怒る方がいますが、それはとんでもない勘違いです。公人になったらプライベートは諦めなければなりません。

一方では、出演する舞台や映画、発売するCDや写真集などの宣伝をしてもらえるのですから、知られたくないことを伝えられても文句など言うべきではありません。

ひとたび有名になったら、そしてトップの座を目指すなら、他人に見られることが同時に仕事の一部になるのです。そして、イメージに相応しい装いをし、適切なコメントを言えて初めてトップの存在として認められることになります。

イギリスのフィニッシングスクール（社交的お付き合いのために必要な文化教養やマナー、礼儀作法、話し方、メイク、ファッション、ウォーキングなどを教える学校）のひとつで、貴族の子女を預かる学校にしばらく通ってみたことがあります。

そこではマナーやプロトコールはもちろんですが、ロイヤルの一員になったときの心構えまでが指導されます。そのひとつにマスコミ対応があり、どのように打たれてもひるむことなく美しく対応すること、打たれ強い精神が指導されます。

つまり、人々に興味をもたれ誇りに思われる存在感を示すのがトップの役目だからです。スターもロイヤルもその意味では同じことが求められます。

けれど一番辛いのはジェラシーに合い、ののしられることでしょう。

私の住む世界は本来決して目立つ職業ではないのですが、どんな所に身を置いていても多くの人と接する以上、人からの嫉妬や中傷は避けられないものかもしれません。

人の見方や考え方は人それぞれの環境や生き方によって違うものですし、逆に言えば人それぞれの生き方や考え方があって、この世の中が均衡を保っているとも言えます。

話を戻しますが、人の嫉妬に出会うのはとても心がなえてしまうものです。

ネット上でウィキペディアなどを覗くと、母校の大学の卒業生代表のひとりとして私の名前が載っています。あるときその母校の同窓会の総会で、女性の大学でしたから同窓生は女性ですし同窓会会長には女性をという声が高まり、副会長だった私が推挙されました。広い会場を埋め尽くしていた同窓生から、その案は拍手で迎えられました。

それまで修道女が学長と同窓会会長を兼務されていましたが、他界されたため引き継いだ男性の学長がそのまま同窓会会長になっていました。

私はボランティアを覚悟でその任を引き受けることを決め、学長に挨拶に行きました。ところが、学長は自分が同窓会会長もつづけると言われたのです。

そこで再度、大勢の卒業生と話し合いの機会をもち決定してほしいと願い出ました。けれども学長はそんなことをしてはまた同じことになると思われ、決着を裁判で決めるとして、私は突然裁判にかけられてしまったのです。3か月ほど活動をつづけたときのことでした。

半年ほど裁判がつづいたとき、裁判官や弁護士の意見もあり、和解案が出て双方これを受けて引き分けとなりました。

その後も学長は同窓会会長をつづけています。私は同窓生のひとりである以上、母校の発展を願う気持ちに変わりはありませんが、同窓会での活動は一切していません。今では、当時のことを台風のような出来事と思っています。

知人たちの話によると、どの業界でもトップ人事になると大もめになるのはごく当たり前のことだと言うのです。

私はそれまで副会長を4年間やっていましたが、穏やかなお付き合いをしていました。ところが、ことトップの座となると風当たりが全く異なったのです。

私が驚いたのは、学長側に寄り添う同窓生が登場する会が開かれたときです。「今田美奈子さんは名声も財力も手に入れたのに、その上同窓会会長の名誉までほしいのですか」と、嫉妬に燃えた眼で叫ばれたことです。

残念なことにその会では個人への恨み事のような言葉はあっても、同窓会が所有する多額の財産や2万人の卒業生を束ねるのには、どちらがふさわしいかの意見はひとつも出なかったのです。

そしてこの騒動は週刊誌沙汰になり報じられました。社会の荒波にもまれながらたどり着く舟を優しく迎えてくれる港であるはずの同窓会は、同窓生である私を支えてもらえる所だと思っていました。ところが、その身内にこそ嫉妬という思いを強く抱く人たちがいるものなのだと、やっと気づきました。

私のクラスメートは、「双方に発生することとはいえ、数百万もの高額の弁護士費用等を払うことができてよかったわね。トップを目指すことはとんだ出費に見舞われることも覚悟することよね」とベテラン主婦らしい感想で、少し変わった励まし方をしてくれました。

けれどその一方で、気持ちを同じくするたくさんの同窓の仲間が全国にでき、以来親しくお付き合いするようになったのです。私にとって信頼で結ばれた、新たな人というかけがえのない財産を得る結果ともなりました。けれど、どれほど正義に燃えた主張を行ったつもりでも、如何なる場合も賛否両論があるものです。

振り返れば、様々な気づきを身につけることができ、大きなプラスを得るための出来事だったように思えます。

トップにはどんな時でも覚悟が必要です。マイナスの出来事もプラス思考に変えていく思考回路を必要としながら、様々な困難から抜け出し立ち上がるのも、自身で考え決断し覚悟することが必要なのです。

そして、災いを振りまくのも人であれば、それを乗り切る最大の味方も人であることを忘れないでください。攻防の要は人であり、人は宝です。人という宝を手に入れた人こそ、トップへの道が拓けます。

2. 日本の宝、西洋建築の父ジョサイア・コンドルの建物の持ち主に

世の中の最高品質で卓越した物に目を向ける人生を歩んでいると、それに相応しい内容や物が突然目の前に現われることを経験してきました。その実体験のひとつとして、こんな不思議な出来事があります。

私があの哀れな少女時代を過ごした湯河原海岸にある海辺の家で起こったことです。

すでに売却した当時住んでいた母屋とは別に、父が太平洋戦争後に依頼されて購入した建物があります。地下1階、地上3階の木造建築の西洋館で、それは父の会社の社員や親類縁者やお客様を迎える、いわば迎賓館として使われていました。

私たち5人姉妹はといえば、ここでお稽古事や発表会をしたり、様々なパーティを開いたりしました。またあるときは町のリーダーたちの集会にも役立っていました。

けれど両親が他界するると訪れることもなくなり、10年余り空き家のままぽつんと取り残された状態で、まさに「浅茅が宿」のごとしでした。

そんなある日、警察から地下に泥棒が住んでいたという報告がありました。空き家として放っておいたこともあり、古くなった建物は町の景観のためにも取り壊すこともやむなしと思いました。すぐさま知人に紹介された建築家の藤木隆男氏にその費用を見積もってもらうことにしました。

すると思わぬ結果になってしまったのです。

何とその建物は日本の西洋建築の父と言われ、明治以後の日本建築界の基礎を築いた、イギリスのジョサイア・コンドルの作品に違いないと言うのです。

コンドルの一番弟子の辰野金吾の作品である東京駅の修復に当っていた関係者や、建築学界の第一人者で東大の故鈴木博之教授（明治村館長）らが見学に来られ鑑定され本物だと確定しました。

取り壊すなどとんでもないことで、修復費を惜しむどころか新築よりはるかに費用がかかるアンティーク素材や卓越した技術者を集めて、修復工事を施工することとなったのです。そして、見事にその建物は当時のままによみがえり、文化庁から湯河原の有形文化財第1号に認定されたのでした。

明治時代、日本の西欧化を進めた総理大臣伊藤博文の命で日本に招かれたジョサイア・コンドルは公的建造物として鹿鳴館と上野の帝室博物館を造りました。が、伊藤博文は華美な西洋館を求めていたため、それらが気に入らずコンドルを解雇しました。

その後コンドルは日本の企業から再び招かれ、三井倶楽部やニコライ堂、岩崎久弥、岩崎弥之助、古河虎之助ら財界人の邸宅などを手がけました。

現在鹿鳴館はなく、上野帝室博物館は関東大震災の折に崩壊しましたが、大正天皇の御典医だった土田卯三郎博士がその部材の全てを入手し、東京に病院を建てました。その一部を湯河原の別荘として海から運んで移築したのですが、なんとそれを私の父が買い受けたのです。

東京の土田博士の建物は太平洋戦争で焼失してしまったため、コンドルの公式作品としての日本最初の西洋館は私が所有する湯河原の「銀河館」のみが残ったことになります。それは28歳の若きコンドルが喜びに燃えて造った東洋と西洋の融合するデザインで、温かな木の味わいのする館です。

それにしても「銀河館」を最初に見てくださった建築家の藤木隆男氏の大学の卒論が、ジョサイア・コンドルだったことを後に知り驚きました。

現在、「銀河館」は、ご希望のグループに予約で開放し、海の幸のお料理とコンドルの世界を楽しんでいただいています。同時に私の自宅としても使用し、手塩にかけ茶色に磨き抜かれた木のぬくもりのクラシック建築の空間が、私に安らぎを与えてくれています。

こうして考えてみると建物も場所も人も、様々な出会いは決して偶然ではないのだと思えてくるのです。物言わぬものにさえ、しっかりとした意志があるようにさえ思えてなりません。

私は湯河原での有形文化財第1号建造物の所有者になったことと、日頃の活動が称えられて、湯河原の町民大学の講師として迎えられました。講演には大勢のお客様が集まってくださり、いわば故郷に錦を飾ったのです。

講演終了後、著書のサイン会が行われたのですが、多くの方が列を作る中にひとりの年老いた女性がいて、数冊の高額な本を買いサインを求められました。示された氏名を見ると、なんと小学校のときの担任の先生ではありませんか。

随分お歳を召されていましたが、深い皺の顔にははっきりと見覚えがありました。

成績が一番になりながら、身体の障害から総代を除外されたときに、私に何とも辛そうなお顔で「きっとまた一番になってください」と言ったあの先生です。

あれから60年余りもの長い歳月、先生は教え子の私をずっと遠くから見守っていてくださったのでした。先生は当時の私の写真を差し出すと、「ずっと大切にしていたのですよ」とにっこり微笑まれました。そのやさしい眼差しで、「美奈子ちゃん、よかったわね。一番になれたじゃないの……日本の……」とささやかれたのです。

そんな先生を見ていて思いました。

本当に長い年月たくさんの出会いと出来事がありましたが、ここまで一筋の道を貫き通すことができたのは、私にも私が指導した生徒たちがいたお陰であると改めて思えるのでした。

教育は一番大切で大きな仕事です。食卓芸術文化に見る夢や国際人の育成は、この国の平和と進歩のために語り伝えなければなりません。

私は私の先生がそうであったように、命ある限りひとりひとりの生徒の幸せを願いつづけていくことを誓いました。そして、技術を磨き上げ指導者に成長したスタッフや各地で私の世界を支えてくださった様々な分野の皆さんとの出会いに、改めて感謝の気持ちを抱きました。

思えばライセンスを取得した5千名もの卒業生がいます。また長い歳月の中、いろいろな場所で教えた生徒は2万人を越えています。それほど多くの出会いに支えられ、ここまでの私の道のりがあるのです。

全国各地でのお菓子や食卓芸術の展覧会が頻繁に行われた日々。個人やグループで徹夜で作品を作り、その成功を肩を抱き合って喜んだこと。異常気象で突然の大雪の中でも、私の明るいパワーを月に1度は浴びて幸せになるためにと、東京のサロン講座にようやくたどり着いた大震災の被災地福島から通ってくる生徒。関西、九州の生徒や卒業生から届く心温まる手紙。そして、私のバースデーに歳の2倍もの薔薇が贈られ、長生きして下さいと言われる日々を迎える今……幸せな人生だったとつくづく思い、それら全てに胸が熱くなり涙が溢れます。

そして新しい出会いは、私にまた新しいパワーを与えてくれます。人に支えられ、人から得るパワーは私の中で何倍、何十倍にもなって、新しいパワーを作り出しているのです。トップには人のパワーを感じとる感性と、そのパワーを活かすセンスが必要です。そして肝心なのは、大きなパワーを放出していると、そこには不思議と大きなパワーが集まってくるものです。

3．東京で女王さま流のカフェ・サロン実現

２００９年、縁あって都心の有名百貨店にミュージアムスタイルのカフェサロン「サロン・ド・テ・ミュゼ イマダミナコ」をオープンしました。

これまで80冊余りの著書を出版し、全国各地の百貨店や美術館で「お菓子や食卓芸術の展示会」を開催してきた今田美奈子の暮らしの中の夢の世界を実際に体験し、味わっていただけるカフェ・サロンです。

6年目を迎え、店は全国からお客様がいらしてくださるほど知られるようになりました。お菓子の教室やサロン講座を開いたり、アンティークピアノがあってサロン・コンサートやイベントも行っています。定期的に話題の文化人や著名人の方々の講演もあって毎回大盛況です。

つまり文化と夢を発信するくつろぎのサロンなのです。19世紀の城館でのアソシアシオン（ビジネスや親睦のためのソサエティであり、上品な集合場所）といったところです。

これにふさわしく、60坪に60席の広いスペースは、フランスの18世紀の城館をイメージしています。白い内装でシャンデリアや床の絨毯にはブルーが用いられています。ネオクラシックスタイルでデザインはマリー・アントワネットの様式でまとめられています。そうです、あのヴェルサイユの離宮プチトリアノンの雰囲気に包まれています。

19世紀のステンドグラスの第一人者レオン・オッタン作のフランスの文化財のステンドグラスやシャルル・クリストーフル作の19世紀の銀器、王妃たちゆかりの食器等の美術品を目で楽しんでいただく空間でもあります。これまで百貨店のどこにもない優雅な夢のミュージアムスタイルのカフェ・サロンが出現しました。

そこでは「マリー・アントワネットのお茶会」や「王様のおやつ」などの豪華なアフタヌーンティーや、外国の大使夫人らから伺ったレシピによるランチ等も人気を呼んでいます。

静かで優雅な奥のサロンは扉が閉まり、コンサートやクラス会やビジネス、趣味の集い、アニバーサリーのお祝いなどご自分たちの空間としてそれぞれの時間を私が演出して楽しんでいただいています。

ファーストクラスの生き方を貫き、我が道の成功を願うと、必ずその時代に相応しい場所や建造物が現れるものです。それはまるで前世から決められているような不思議な出会いです。

若くて夢に燃えている時代には、フランスのロワールの城館が私の居城であり授業の拠点でした。東京では若者の憧れの街原宿の煉瓦造りの「薔薇の館」

が全国から集まる生徒との出会いの教室でした。

歳を重ねてフランスの城館からは退去し原宿からも離れましたが、湯河原にジョサイア・コンドルゆかりの文化財建築がよみがえりました。それら3つの建造物はどれも、地下1階、地上3階と共通していました。それが偶然なのか必然だったのか、不思議な一致には何か見えない因縁のようなものを感じます。

そして現在の拠点、新宿駅南口という好立地の百貨店にある洗練された城館風ティー・サロンは、私の夢の発信地として広く一般の様々なお客様を迎えるのにこれほど適した場所はありません。最近ではこの場所がオリンピックのメインスタジアムや都庁に近いこともあり、今後の大きな発展が噂され始めています。

いつも出会った場所から私は力を与えてもらってきたのです。私が所有した り出会った建物や場所や品物に至るまでの全てが、私個人だけでなく広く多くの方々に楽しんでいただける夢を届けるものとなりました。多くの人に夢を与えることを実践しつづける、それが私のリーダーとしての役割であって、かつそのことに宿命を感じます。

ふりかえると3代に亘る世代の方々と、本や催し、教室などを通じて出会ってきました。最近では懐かしい著書を持参してくださる方によくお会いします。私が書いた子どものための本の読者だった方が大人になり、雑誌や新聞の記者、テレビのディレクターとして活躍されている姿に出会うことも多くなりました。そんな方々から「先生の本を読んでいました」「子どもの頃から先生のファンです」という言葉を聞くとき、心から嬉しくて胸が熱くなります。

さらにニューエイジともいえるクール・ジャパンの申し子のようなロリータファッションの若い女性が、私のサロン講座やお茶会に参加するようになりました。そんな彼女たちに向けた会を催すと、あっと言う間に満席になります。

また、朝日小学生新聞からのお菓子物語の連載のお話も受けまして、その催しでは本当に可愛い少年少女たちが集まってくれます。

現在の子どもたちや若い女性たちが、素直にとても喜んで私の話を受け入れてくれます。

このように新しい世代との出会いがあり、私の壮大な「生きる喜びのための夢の世界」を、次の時代を担う皆さんに語り継いでいこうと思うのです。

世代や時代を超える夢を実現するために、現在のように都心の活気（気が活かされる）溢れる場所と巡り会うことも必要です。そんな場所と出会え、現在も活躍できるのも、ひたすらひとつの道を信じてトップを目指しつづけてきたからだと思います。

また、近隣諸国からグループで訪れる方もあったり、私の著書が知られていて講演に近隣諸国に招かれることもあります。日本を中心に東西、否、世界の人たちと親交を持つ平和のお手伝いができることを、今後も私の人生の目標にしたいと思います。

加えて、新たなチャレンジとして、私のトークショーと音楽のコラボレーションのステージで感動をお届けしたいと思います。つい最近、浜離宮朝日ホールで、天才少年ピアニスト牛田智大さんとの公演を実現したところです。

どんな意義深い内容のメッセージも、心地よく軽やかな気分として伝えないかぎり、多くの人の心の琴線には届きません。サロンという夢の空間でのトークショーやホールでの音楽とのコラボレーションを通して、多くの方々の感性に触れるメッセージを軽やかにお届けすることも私のステージのひとつです。

4. 女王さま流生き方は、世界最高峰の全てを愛すること

生まれて初めてヨーロッパの「製菓学校」に出かけてから40年余りの歳月が経ち、「今田美奈子食卓芸術サロン」（今田美奈子お菓子教室）を開設して35年余りになります。

そんなことで、東京、大阪、京都の百貨店や河口湖のオルゴール博物館等で集大成の展覧会「華麗なる王妃の食卓芸術展」を開きました。

そして2012年秋、フランス農事功労賞受賞（製菓技術に対し）も合わせ祝賀晩餐会を帝国ホテル孔雀の間で開催しました。駐日フランス大使クリスチャン・マセご夫妻や全国8万の神社のトップである神社本庁総長田中恒清氏他芸能人、文化人、企業の社長など各界のトップの方々を交え、東京、大阪教

室の生徒、卒業生のムースの会会員含め全国から600名ほどのお客様が集ってくださいました。帝国ホテルでも着席でのそのような規模のパーティは稀で、あまりにも豪華なお顔ぶれとその雰囲気が話題になったのです。

代表の方々から35年つづいたことに対する、身に余る賛辞のスピーチの数々を頂きました。そんな場で、出席者のひとりの会社社長が私の耳元で囁いた言葉に私は胸を打たれました。

「ただ35年つづけただけでなく、第一人者として35年もつづけた、と言ってほしかったなー」

誰でもつづけたことは称えるに値するが、その道で第一人者を長くつづけることは大変難しく、そのことに大きな意味があるのだと。

企業のトップはそうした目で人間の力を見ているのでした。

それにしましても、当日のフランス大使のお言葉をお借りすれば、

「彼女は夢を実現させ、本物の真実を追求した人です。日常に非日常を入れ、ノウハウを若い世代に伝承しました。フランスでお城まで所有し、生活様式をマスターし伝えました。お菓子の文化遺産の発展に尽くし、わかりやすく単純な材料、粉、バター、砂糖で生徒に夢と一緒に教え、自信と知識を持たせました」と、ここまでたどり着いた私の足跡を見事に表現してくださったのです。

さらに大使は「最高の生活芸術や食卓文化を自分のみでなく、地球上の全ての人々に伝えようと考え、それに人生を捧げた女性で、女王さまそのものの生き方です」とおっしゃって下さり、女王に対するように私の手の甲に、うやうやしく口づけをして下さったのでした。フランス人の国際画家の友人がこれを聞き、「フランスの大使からあれほどの丁寧で素晴らしいスピーチをもらえることは、あなたの宝物です」と感動してくれました。

当日のお客様には韓国や中国の方もいらしていて、ロビーには著名人の方々からの御祝い花が飾られました。キリスト教国のフランス大使が立たれたステージ中央は、日本の仏教界の東の中心成田山新勝寺の橋本照稔大僧正から贈られたピンクの大量の薔薇の花で豪華に埋め尽くされ、国境や宗教を越えた宴となりました。

私は長い間、ヨーロッパ文化の中枢のフランスを愛しつづけてきましたけれど、人類の平和のために強く明確な影響を与えたのはキリストの教えもあれば、お釈迦様の教えもあるのです。世界に知られる崇高な存在を公平に称えることこそ、ファーストクラスの生き方でありリーダーの役目です。現に、私の新たな出発のこの祝宴には両極のトップの方々がご出席され、心を寄せてくださいました。それは大きな力からのメッセージであることを確認し目頭が熱くなりました。

2014年度4月8日の花祭りには成田山新勝寺の大伽藍に、7種の世界の花畑に黄金のお釈迦様が天上天下を指される情景をシュガークラフトで作り奉納させていただく機会を賜りました。和洋の融合の美術作品参加は1070年ぶりであるとのこと。世界で一番すぐれた精神と文化を広め、人々の心に豊かな感性を届け、平和な地球を築くことを実現する扉をようやく開く日が訪れたような気がします。

人類にとって、心の世界の女王さまとして多くの人に認められるのは聖母マリアだと思います。ミケランジェロの「ピエタ」に表現される、悲劇を乗り越えながら優しく美しく人々に愛を捧げる女性です。同時に私の知る現実の日本の宗教の世界でトップの地位にある方々にゆかりの女性では、成田山新勝寺の橋本照稔大僧正夫人と出雲大社の千家尊祐第八十四代出雲国造出雲大社宮司夫人です。ごく自然のおふるまいの中に常に優しく温かなお心を抱き、神仏のご加護が世の中の人々に届くことを見守られる強い精神力を備えていらっしゃる方々です。

私が尊敬し親しくお付き合いしてきた、長い間トップランナーとして輝きつづけ活躍している方がたくさんいます。その一部の方々をご紹介すると、作家では林真理子さん。名誉ある文学賞を受賞しながら消えていく作家が多い中で、『ルンルンを買っておうちに帰ろう』以来絶頂期の時が途切れませんが、いつでも親しみやすさを感じさせてくれます。

遠藤周作氏の紹介で、初めてペンクラブでお会いしたのは20年前です。つい最近、「フランスに魅せられて〝食〟との出会いが、女の人生を変える」というテーマでの、婦人公論の対談で新宿の私のティーサロンに訪れてくださいました。その日のために同店で開催していた私の展覧会にも事前にいらして、私との対談にそなえてくださったのです。

そのような細やかな心遣いやまめなつき合い方には頭が下がります。

女流作家で長いご活躍と言えば曽野綾子さんです。私が田園調布にしばらく居住していたとき、お隣さんが曽野さんと三浦朱門氏ご夫妻のお宅でした。引越しのご挨拶をしたとき、ランチに招いてくださいました。その折、様々な日常のお話をされ、庭のお手植えの野菜をおみやげにいただいたりしました。人間としてごく普通の暮らしを大事にされ、普通の人に対し尊敬の念をもっていらっしゃる、そんな日常の中でペンを走らせていらっしゃるのだと知りました。

アニメブームにのり益々脚光を浴びている池田理代子さんとも本当に長いお友達です。多くの作品を書かれ、オペラ歌手としてもご活躍されていますが、一貫したテーマは「ベルサイユのバラ」です。そこには作品と作者自体がひとつになるイメージを貫かれている魅力があります。

ピアニストの中村紘子さんもそのおひとりで、やはり作品と演奏者がひとつのイメージでつながり、お名前を聞いただけでその豪華な旋律が聴こえてきます。

30~40年以上トップの座をキープしているお友達では、「ガラスの仮面」の漫画家美内すずえさんや歌手の松任谷由実さんがいらっしゃいます。おふたりとも作品を通じて、人間の心の奥深くにある魂に訴えているのです。それは見えない大きな力や精神世界へ敬意をもってふれ、ご自身の活躍の場を創造しているのです。

音楽界では湯川れい子さんもそのおひとりですね。

今の新しい世代の若者たちはこうした力を素直にキャッチします。

未来に期待できる若い後輩のお友だちとしては、エッセイストの浅見帆帆子さんもそのひとりでしょう。それぞれの世界で第一人者として異彩を放つファーストクラスの女性の成功者たちです。

トップとして長く活躍する人は、自然の風向きや水の流れのように時代の流れを捉え、それを大事にしながら育て守り、作品を生み出し世に放つのです。そんな作品たちは太陽のように激しく輝き、あるときは月のように静かに照らし、人々の心を動かしたり癒したりするのです。

こうした存在のトップになれたら素晴らしいとは思いませんか。

きっといつかトップになる夢を見ること、そして諦めないこと、そして学び、そして実践すること。最初は失敗もあるでしょう、思うようにいかないことの方が多いこともあるでしょう。そんな場合、自分がトップになったことを想像してみましょう。トップになるために、今何が必要で何が必要でないか、それを見極めることも大事なことです。

私自身これまで歩んできた道のりをふりかえると、何よりの宝はこれまでも述べたようにたくさんの人との出会いでした。出会いには、時に障害や問題もついてくることがありました。しかし、それさえも人生を前進させるために必要な起爆剤になりました。

幼少期に大病を患い、成人してからも離婚を経験し、経営状態がピンチのときもありました。けれどそこから学んだものは、命の大切さであり、好きな道を歩むには強い意志と個人の幸せを捨てても責任を持たねばならない、という覚悟でした。

この世で生きていくためにはお金も大切でありがたいものです。お金の力はどんなにか人生に役立ち、助けてもらえるものです。ビジネスとして利益を得る方法を考えることも素晴らしいことです。

ファーストクラスの生き方をするあなたが財力を手にしたら、まず不動産より宝石を買うことをお薦めします。宝飾品の輝きはあなた自身を美しく輝かせるだけでなく、社会的な力を表現し全てに成功をうながします。外国ではご主人の力を示す重要な役割も果たすとされます。そしてビジネスの成功を得たら、自身にふさわしい理想の不動産や家を手に入れるのもファーストクラスの生き方です。

けれど文化や夢に財産をつぎ込み使い果たしたとしても、本当の財産はお金だけではなく、その人の生き方そのものであったり、生きてきた内容であり、そこに共鳴する多くの友人や知人や仲間たちが居ることです。あなたがどう考えどう自分の人生の舵を取るのか、それはあなた自身が選択することです。

私は自分のこれまでの人生を通じ、人が経験するだろう様々な失敗や、人間の弱さ、惨めさに共感できるようになりました。それによって、実際に会ったことのない広い世界の人たちに対しても、親しみを覚えるようになりました。

「みんな一緒に生きていきましょう」……そんな気持ちから私の作品や仕事の世界は生まれ育ってきています。私はこれからも私が目指し作ってきた世界の第一人者であり、リーダーとして毅然と胸を張って進んでいきたいと思っています。

少しばかり心残りなのは、長い人生を今日までたどり着いて、初めて両親の数々の苦労や言っていた言葉が正しかったことに気づいたことです。けれど今はこの世におりません。

「ありがとう」の感謝の言葉は、できれば友人や先輩、そしてご両親が元気なうちに伝えてください。そのときに、甘く美しいお菓子を召しあがりながら喜びを分かち合っていただけたらこんなに嬉しいことはありません。

あなたがいかなる日を迎えようと、私はいつも「きっと幸せになる日がくるからだいじょうぶ」と応援しています。

この本を世に送る私に対し、両親はきっとファーストクラスの生き方を貫き通したことに「よく頑張ったね」と大賛成してくれるはずです。

でも、「あなたの名前を聞くだけで、皆さんが明るく幸せな気分になれるその日まで、一番やトップという言葉はとっておきなさい」と言っているような気もします。

トップの秘訣

○初めてのテーマに挑戦する
○上昇気流に乗ったらリスクを考えず次に挑戦する
○上昇気流に乗るとツキもやってくる
○一番はビリから始まるときもある
○トップには内容だけではなく、
　相応しい姿形やイメージが求められる
○本物に出会う喜びを身につける
○天職は憧れから生まれる

○優雅は美しさよりも上である

○出会いにはプラスもマイナスもある

○裏切られてもプラスに感謝する

○トップは大きなエネルギーを持っている

○願いは祈りであり、祈りは実現する

○誰も思いつかないアイディアと企画力が大事

○心機一転が大切

○広い世界を視野に自分磨きにお金をかける

○噂や忠告にも耳を傾ける

○経営の失敗は咎め立てより切り替えが先

○去る者は追わず来る者は拒まず
○よい部下を育てるのもトップの役目
○天職のテーマと目的を明確にする
○心の優しさを物腰し動作で表現する
○一瞬で多くの人を感動させる雰囲気を身に着ける
○トップの立場と環境でトップに必要な精神が生まれる
○トップの最大条件は責任感である
○微笑みつづける愛を持つ
○認められ称賛されたときは喜びを表す
○持っているものを惜しみなく伝え喜びを分かち合う

○大衆の前であがってはならない
○魅力的なスピーチで表現する
○出る杭は打たれるが決してひるまない
○トップは嫉妬の嵐を乗り越える
○トップは内輪から倒されるので用心
○トップにプライベートはない
○人前での対応が大切
○出会った人の幸せを願いつづける
○最高品質の世界を求めると向こうから近づいてくる
○自分を表現し主張する場所を持つ

○解り易く人生の夢を人に伝える
○イメージを整える
○活動する場所から力を与えられる
○トップの座は長くつづけることで価値がある
○大自然の変化と共に人生を生きる
○困難も喜びもトップにたどり着くための宝物
○感謝は相手が元気なうちに伝える
○いい気分になることを見つけると成功する
　相手もいい気分になることを考える
○悪いことも終わりがあるので〝だいじょうぶ〟と励ます

○命があることは最高の喜び、神に感謝を捧げる
○何事も愛すれば「以心伝心」伝わる

トップをめざす10ケ条

4.

人前で決してあがらない
自信を持つ

3.

トップは周囲にねぎらいと、
感謝の言葉を伝え、
忠告の後は長所も伝える

2.

スタッフ（部下）には、
トップに賛同する人、
ほめてくれる人と厳しい意見を言う人、
情報をすばやく伝える人を置く

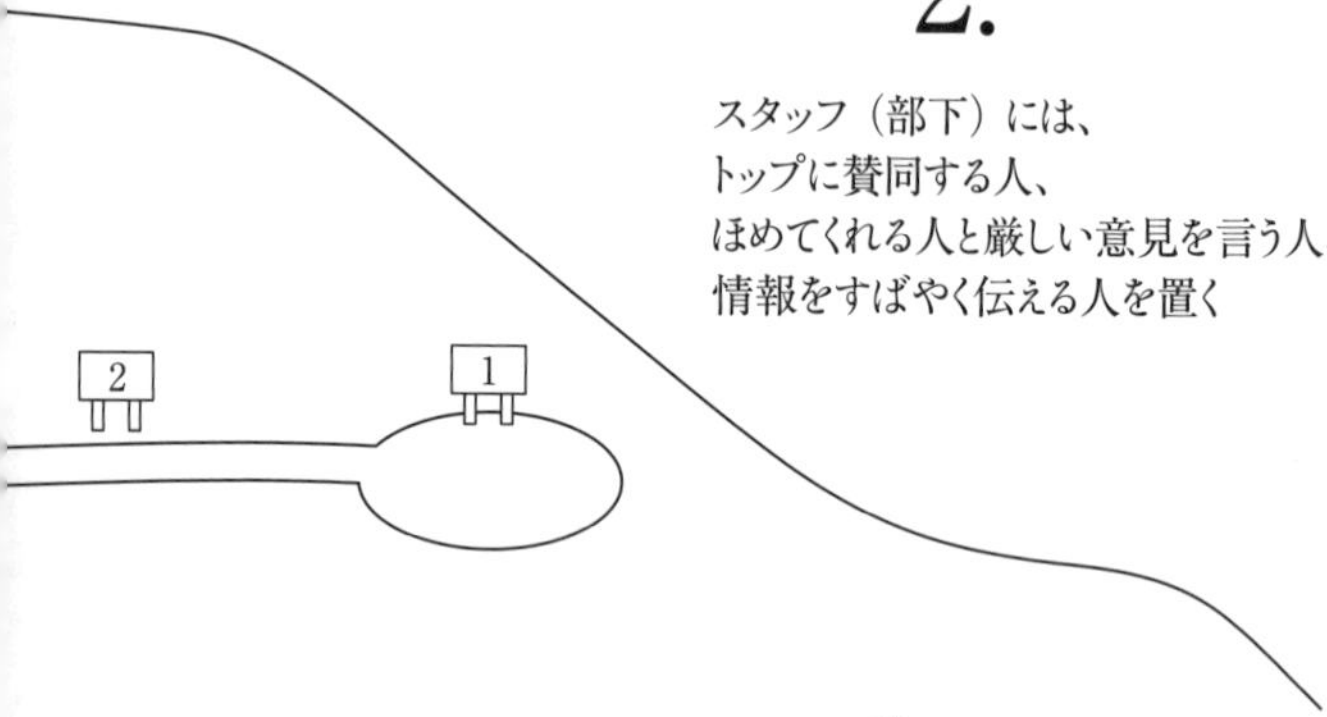

1.

胸がわくわくするような、
好きな仕事か趣味を見つける

10.

華やかな雰囲気で
美しく微笑み、
憧れの存在となる

9.

困難に出会っても、
人々を愛しつづける

8.

財力ができたら、
不動産より宝石
(宝飾の装身具)
を買って装いに
力を注ぐ

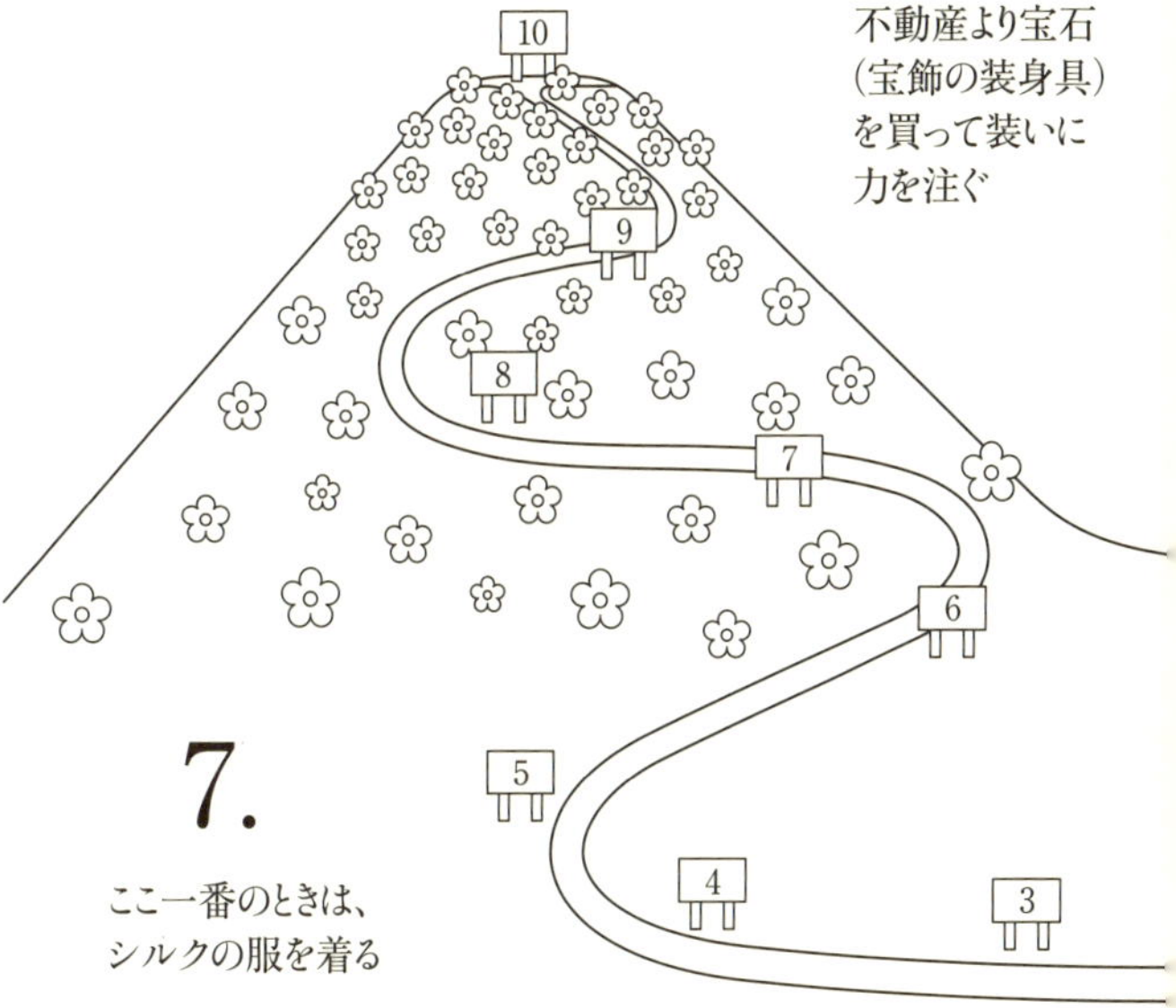

7.

ここ一番のときは、
シルクの服を着る

6.

美文字を書く。
美しい文字で
手紙が書ける

5.

標準語で魅力的な
話ができること

ファーストクラスの生き方

２０１４年10月10日第一刷発行

著者　今田美奈子
装丁　川名潤
企画編集　平松義行
編集　本田道生
営業　雨宮吉雄・横山綾
発行人　北畠夏影
発行所　株式会社イースト・プレス
〒１０１-００５１
東京都千代田区神田神保町２-４-７　久月神田ビル８Ｆ
ＴＥＬ：０３-５２１３-４７００　ＦＡＸ：０３-５２１３-４７０１
印刷・製本　中央精版印刷株式会社

ISBN978-4-7816-1151-8　C0095